Milagres

Richard Webster

𝔐ilagres

Como Criá-los e Manifestá-los na sua Vida

Tradução:
EIDI BALTRUSUS CARDOSO GOMES

EDITORA PENSAMENTO
São Paulo

Título original: *Miracles — Inviting the Extraordinary Into Your Life*.

Copyright © 2004 Richard Webster.

Publicado originalmente por Llewellyn Publications, St. Paul, Minnesota 55164 — USA. — www.llewellyn.com

Todos os direitos reservados. Nenhuma parte deste livro pode ser reproduzida ou usada de qualquer forma ou por qualquer meio, eletrônico ou mecânico, inclusive fotocópias, gravações ou sistema de armazenamento em banco de dados, sem permissão por escrito, exceto nos casos de trechos curtos citados em resenhas críticas ou artigos de revistas.

A Editora Pensamento-Cultrix Ltda. não se responsabiliza por eventuais mudanças ocorridas nos endereços convencionais ou eletrônicos citados neste livro.

Dados Internacionais de Catalogação na Publicação (CIP)
(Câmara Brasileira do Livro, SP, Brasil)

Webster, Richard
    Milagres : como criá-los e manifestá-los na sua vida / Richard Webster ; tradução Eidi Baltrusus Cardoso Gomes. — São Paulo : Pensamento, 2006.

    Título original: Miracles.
    ISBN 85-315-1468-1

    1. Milagres I. Título.

06-6595   CDD-291.2117

Índices para catálogo sistemático:
1. Milagres : Religião comparada 291.2117

O primeiro número à esquerda indica a edição, ou reedição, desta obra. A primeira dezena à direita indica o ano em que esta edição, ou reedição, foi publicada.

Edição   Ano
1-2-3-4-5-6-7-8-9-10-11   06-07-08-09-10-11-12-13

Direitos de tradução para o Brasil
adquiridos com exclusividade pela
EDITORA PENSAMENTO-CULTRIX LTDA.
Rua Dr. Mário Vicente, 368 — 04270-000 — São Paulo, SP
Fone: 6166-9000 — Fax: 6166-9008
E-mail: pensamento@cultrix.com.br
http://www.pensamento-cultrix.com.br
que se reserva a propriedade literária desta tradução.

Para o meu filho mais novo,
Philip

Sumário

Introdução 9

Um	Milagres Religiosos	15
Dois	Milagres de Cura	39
Três	Os Milagres na Sua Própria Vida	53
Quatro	Milagres e os Hunas	61
Cinco	Milagres de Intuição	79
Seis	O Milagre da Magia	101
Sete	Seu Admirável Sistema de Chakras	119
Oito	Encantamentos	131
Nove	Escrita Automática	143
Dez	Conclusão	153

Notas 157
Sugestões para Leitura 165

Introdução

Quando minha neta tinha quatro anos, ela e eu passamos uma tarde maravilhosa observando uma borboleta monarca emergir de sua crisálida, exercitar suas asas e, finalmente, voar para longe.

"É um milagre!", Eden exclamou.

Fiquei impressionado com o fato de ela parecer saber o que era um milagre. Aos seus olhos infantis, o aparecimento de uma linda borboleta, a qual tinha sido uma lagarta apenas uma ou duas semanas antes, constituía um milagre. Isso me fez lembrar do poema de Walt Whitman, "Milagres":

> *Quem, pois, dá importância a um milagre?*
> *Quanto a mim, nada conheço a não ser milagres...*
> *... Para mim, todas as horas de luz ou de sombra são milagres,*
> *Cada centímetro cúbico de espaço é um milagre,*
> *Cada metro quadrado de superfície da terra é coberto*
> *com o mesmo milagre,*
> *Toda a extensão interior dos enxames, com o mesmo.*
> *Para mim o mar é um contínuo milagre,*
> *Os peixes que nadam — as rochas — o movimento das*
> *ondas — os navios levando homens*
> *Que milagres mais estranhos poderão existir?*

Para Whitman, todas as coisas eram milagres e cada um de seus poemas reflete essa convicção. Num certo sentido, tudo é miraculoso, porém um milagre real necessita mais do que isso. Sabemos que a manhã segue-se à noite. Para Walt Whitman, esse fato é um milagre, mas como ele ocorre todos os dias, sem interrupções, nós o consideramos corriqueiro. Os milagres de Walt Whitman podem ser vistos como coisas maravilhosas, porém serão eles *verdadeiros* milagres?

Santo Agostinho teria concordado parcialmente com Walt Whitman, pois acreditava que "todas as coisas naturais contêm um aspecto miraculoso".[1] Entretanto, ele também acreditava que a criação do mundo, a partir do nada, em apenas seis dias constituía o único milagre verdadeiro. A vida em si também poderia ser considerada como um milagre único. Muitos cientistas, hoje, tentam descobrir os segredos por trás do milagre da vida.

A definição mais aceita de um verdadeiro milagre é de algo que contraria as leis normais da natureza, sendo normalmente atribuído a algum poder sobrenatural. De fato, virtualmente todas as religiões expressam a crença em milagres. Santo Tomás de Aquino (c. 1225-1274) acreditava que um milagre tinha que estar além do poder natural de qualquer pessoa ou coisa criada. Uma vez que os seres humanos foram criados, isso significava que somente Deus poderia realizar milagres.[2] Contudo, outras autoridades religiosas apresentaram diferentes opiniões. O Papa Bento XIV (1675-1758) escreveu que um milagre é algo que ultrapassa apenas "o poder da natureza visível e corpórea".[3] Isso queria dizer que os anjos poderiam realizar milagres, assim como as pessoas, se a estas fossem dadas temporariamente forças que em condições normais não possuíam. Um exemplo disso ocorreu quando o Apóstolo Pedro curou um homem coxo desde o nascimento (Atos dos Apóstolos 3:1-9).

É compreensível que a igreja cristã insistisse para que todos os milagres fossem atribuídos a Deus, já que poderiam usá-los como prova da existência do mesmo. Entretanto, a Bíblia contém vários exemplos de milagres, como o de Pedro ao curar o homem coxo, que foram realizados por pessoas. Naturalmente, estas realizavam as curas em nome de Deus.

Uma definição melhor foi oferecida pelo teólogo protestante do século XX, Paul Tillich (1886-1965), que escreveu:

> *Um milagre genuíno é, antes de tudo, um acontecimento extraordinário, incomum, que abala, sem contradizer, a estrutura racional da realidade. Em segundo lugar, é uma ocorrência que aponta para o mistério do ser, expressando sua relação conosco de uma maneira definida. Em terceiro lugar, é um acontecimento recebido como sinal numa experiência de êxtase. Somente se essas três condições forem preenchidas poderemos falar de um milagre genuíno.*[4]

O filósofo e cético escocês, David Hume (1711-1776), acreditava que "um milagre pode ser descrito de modo preciso como a transgressão de uma lei da natureza pela volição especial da Divindade ou pela interposição de algum agente invisível".[5]

Em seu livro *The Concept of Miracle*, Richard Swinburne usou as seguintes palavras para definir o milagre: "um acontecimento de natureza extraordinária, realizado por um deus, e com significado religioso."[6]

Para C. S. Lewis (1898-1963), acadêmico e apologista cristão do século XX, o milagre é "uma interferência na Natureza de um poder sobrenatural".[7] Lewis criou deliberadamente essa definição "popular", pois achava que ela seria mais relevante para a pessoa comum do que uma definição mais teológica.

Atualmente, muitas pessoas procurariam eliminar qualquer menção à divindade; para elas, os milagres seriam apenas uma coincidência extraordinária. Isso poderia criar problemas, como sugeriu o Professor R. F. Holland num artigo que escreveu para o *American Philosophical Quarterly* em 1965, intitulado "O Miraculoso". Ele relatou a história do menino que brincava com um carrinho perto de um entroncamento ferroviário. Uma das rodas do seu carro ficou presa nos trilhos de uma das linhas bem na hora em que um trem expresso deveria passar. Uma curva próxima iria impedir o maquinista do trem de ver a criança antes que fosse tarde demais. A mãe do menino saiu correndo de casa para procurar o filho no momento em que o expresso apareceu. Surpreendentemente, o trem parou a poucos metros da criança. A mãe agradeceu a Deus pelo milagre, mas, na verdade, o maquinista não tinha visto o menino. Ele havia desmaiado e os freios entraram em ação automaticamente quando ele deixou de colocar pressão sobre os controles.[8] Isso foi um milagre, uma coincidência, sorte ou a graça de Deus? Eu definiria esse acontecimento como um milagre, porque se o maquinista não tivesse desmaiado ou tivesse desmaiado um ou dois segundos mais tarde, o menino teria morrido. Outras pessoas poderiam descrevê-lo como uma extraordinária coincidência ou, talvez, como uma coincidência milagrosa. Os cristãos poderiam dizer que foi uma graça de Deus, enquanto outros afirmariam que se tratava do karma ou do destino da criança. Eu creio que foi um milagre e também creio que milagres podem ocorrer a pessoas de todas as religiões, bem como a pessoas sem nenhuma religião.

O reverendo Johannes Osiander (1657-1724) foi uma pessoa cuja história parece ser a de um milagre após o outro. Em certa ocasião, um javali selvagem o atacou e o derrubou, mas sem feri-lo. Seu cavalo sofreu uma queda durante uma enchente e o reverendo ficou preso sob o mesmo. Mais uma vez, não ficou ferido. Assaltantes dispararam armas contra ele, porém os tiros não o atingiram. Ele foi soterrado por uma avalanche, conseguindo sair ileso. Uma nevasca o jogou dentro do gelado Rio Reno. Ele nadou até a margem e nem sequer teve um resfriado. Uma árvore caiu sobre ele. Evidentemente, o reverendo Johannes conseguiu sair ileso de sob a árvore. Quando se aventurou no mar, sobreviveu a um naufrágio. O bote que veio resgatá-lo se chocou contra ele, mas como era de esperar, o reverendo Johannes não se machucou.[9] A maioria das pessoas consideraria sua sobrevivência nessas circunstâncias como um milagre.

É claro que na vida diária nós usamos freqüentemente a palavra "milagre" no sentido empregado por Walt Whitman. Alguém que realiza um feito grandioso poderia ser chamado de "homem milagroso". Um médico que cura um doente terminal receberia o epíteto de "realizador de milagres". Em seu diário, John Evelyn mencionou "aquele milagre da juventude, o Sr. Christopher Wren".[10] Sir Philip Sidney, o poeta-soldado elisabetano, recebeu um cumprimento semelhante. Seu companheiro de letras, o poeta Richard Carew escreveu: "Você terá a mesma devoção pela prosa e pelo verso? Considere o milagre de nossa época, Sir Philip Sidney."[11] Infelizmente, Sir Philip Sidney faleceu vinte e oito anos antes que essa honra lhe fosse conferida. Samuel Taylor Coleridge, em seu poema "Kubla Khan", escreveu: "este foi um milagre de rara engenhosidade/ Uma cúpula de prazer ensolarada, com cavernas de gelo."

Poucas semanas atrás enviei um pacote a um amigo na Inglaterra. O correio o entregou em apenas três dias e meu amigo descreveu a ocorrência como "miraculosa". O serviço prestado foi de uma qualidade excepcional, mas poderia ser honestamente descrito como milagre? Há alguns dias eu estava lendo a seção de esportes do jornal local e deparei com a manchete "Vitória Milagrosa". Embora o time mais fraco tivesse conseguido ganhar aquele jogo, o feito, obviamente, estava longe de ser um milagre. Recentemente, combinamos de nos encontrar com amigos para assistir a um filme; nossos amigos chegaram quando o mesmo começava. Segundo nos disseram, o trânsito estava tão ruim que somente por milagre conseguiram chegar ao cinema.

Com o passar do tempo, a palavra "milagre" afastou-se muito do seu significado original; ela deriva do latim *miraculum*, que quer dizer "causar espanto e admiração", e de *mirus*, cujo sentido é "maravilhoso de se ver". Um milagre, portanto, é algo extraordinário, incompreensível e inexplicável pelos padrões normais. Ele é contrário às leis naturais que tomamos como certas. É certamente maravilhoso de se ver. Conseqüentemente, ao longo da história as pessoas têm sido confortadas pela idéia de que os milagres podem ser compreendidos e explicados em termos das tradições religiosas ou culturais da época e dos locais em que ocorrem.

Acredito que existam dois tipos de milagres:

1. Milagres que podem ser atribuídos à intervenção divina e

2. Milagres que nós mesmos criamos.

Um amigo me deu um exemplo do primeiro tipo de milagre alguns meses atrás. Sua mãe estava internada num hospital com uma doença muito séria; não se esperava que sobrevivesse. Meu amigo entrou numa igreja pela primeira vez em mais de vinte anos e rezou. A mãe dele se recuperou completamente e viveu mais doze anos. Meu amigo está totalmente convencido de que Deus respondeu às suas preces e curou sua mãe.

O fato de estarmos vivos poderia ser considerado como um milagre; porém, o poder que temos de mudar e moldar a nossa vida, de nos tornar qualquer coisa que decidirmos ser é ainda mais miraculoso. Vamos nos ocupar no presente livro principalmente com esse segundo tipo de milagre. Incidentalmente, de acordo com o dicionário Webster, a Ciência Cristã pode pleitear o crédito por essa visão do milagre. Os membros dessa seita crêem que todos podem se transformar em realizadores de milagres, uma vez que deixem de acreditar nesse conceito como impossível.

Começaremos a examinar os milagres religiosos, já que é neles que a maioria das pessoas pensa quando o assunto é mencionado. O Capítulo dois aborda os milagres de cura. Este é o tipo de milagre que a maior parte das pessoas busca ao pedir um milagre. O Capítulo três se concentra em como atrair milagres para a nossa vida. O restante do livro cobre uma variedade de métodos e técnicas que você pode usar para transformar sua vida, e fazer de cada dia um dia milagroso. Decida que irá vivenciar milagres regularmente, pratique as diferentes técnicas descritas neste livro e faça com que eles se realizem.

Um

Milagres Religiosos

UMA VEZ QUE OS MILAGRES SÃO comumente atribuídos a alguma forma de intervenção divina, não surpreende o fato de eles figurarem com proeminência nas histórias que fazem parte de todas as grandes religiões. Na verdade, de acordo com o Apóstolo Paulo, se não fosse pelo milagre da Ressurreição de Cristo, o cristianismo não teria merecido consideração. Na primeira Epístola aos Coríntios ele escreveu: "E, se Cristo não ressuscitou, é vã a nossa pregação, e vã, a nossa fé" (1 Coríntios 15:14). Willa Sibert Cather disse: "Os Milagres da Igreja, para mim, parecem repousar não tanto sobre faces ou vozes, ou sobre o poder de cura que chegam subitamente até nós vindos de fora, mas sobre o fato de as nossas percepções se refinarem, de maneira que, por um momento, os nossos olhos conseguem ver e os nossos ouvidos conseguem ouvir aquilo que esteve sempre ali."[1]

Um exemplo típico de um milagre religioso é o da passagem em que Deus detém o sol no céu durante um dia inteiro para dar a Josué, sucessor de Moisés, mais tempo para derrotar os amorreus (Josué 10:12-14). Se a noite tivesse caído quando deveria, os amorreus teriam conseguido escapar. É claro que, se esse milagre realmente ocorreu, Deus deve ter também feito cessar, temporariamente, a ação de outras leis naturais. Do contrário, todas as coisas teriam sido atiradas para fora da terra durante o período de várias horas em que ela parou de girar para que o milagre ocorresse. Do ponto de vista científico, a terra não poderia parar de girar um dia inteiro, porém por meio de um milagre, tudo é possível.

Obviamente, um milagre dessa natureza não pode ser provado ou refutado milhares de anos mais tarde. Não há maneira de sabermos se ele ocorreu exatamente como foi relatado na Bíblia ou se um acontecimento menos importante foi exagerado com o intuito de causar um determinado efeito. É até mesmo possível que a história seja fictícia, tendo sido escrita apenas para dar às pessoas um sentido daquilo que é miraculoso. Um aspecto notável desse milagre foi o fato de Josué ter pedido a Deus para deter o movimento do sol e de Deus ter atendido ao seu pedido.

Do ponto de vista bíblico, há três propósitos num milagre religioso:

1. Glorificar a Deus (João 2:11; 11:40),

2. Designar certas pessoas para falar em Seu nome (Hebreus 2:4), e

3. Fornecer elementos para a crença em Deus (João 6:2; 6:14; 20:30-31).

Na Bíblia são considerados os cinco aspectos principais de um milagre:

1. Milagres são algo incomum. Eles causam admiração e espanto.
A sarça arder sem queimar e andar sobre as águas não são acontecimentos de todos os dias.

2. Milagres constituem um ato de Deus. Isso pressupõe a existência de Deus, de um criador do universo.

3. Os milagres refletem Deus. Como Deus é bom, os milagres promovem a bondade.

4. Os milagres com freqüência confirmam a verdade de Deus por meio de um de Seus servos (Hebreus 2:4). Conseqüentemente, revelam profetas genuínos.

5. Os milagres são sempre realizados com um objetivo em mente. Eles glorificam a Deus e, ao mesmo tempo, provam Sua existência.

Obviamente, o maior milagre de todos, para os cristãos, é a Encarnação, quando Deus se tornou Homem. Esta é uma doutrina central da Igreja cristã, o conceito de que Deus tornou-se homem em Jesus Cristo. Isso significa que Jesus era ao mesmo tempo Deus e homem, uma combinação das naturezas divina e humana. Como São João Evangelista declarou: "e o Verbo se fez carne" (João 1:14). O Concílio de Nicéia (325 d.C.) concluiu que Cristo era "causa, não efeito", o que queria dizer que ele era Criador e não criatura. O Concílio de Calcedônia (451 d.C.) chegou à conclusão de que Jesus era perfeito tanto em divindade quanto em humanidade.² Nenhuma dessas naturezas foi enfraquecida pela união e a identidade essencial de cada uma delas, permaneceu inteiramente preservada. C. S. Lewis chamou a isso "o Grande Milagre".³

Evidentemente, as pessoas que crêem que Jesus Cristo é o filho de Deus também crêem em milagres, uma vez que o fato de Deus se tornar carne e viver no mundo constitui, segundo todos os padrões, um "Grande Milagre". Entretanto, Soren Kierkegaard (1813-1855), teólogo dinamarquês, escreveu que "o milagre nada pode provar; pois se você não acreditar que Ele é o que diz ser, você estará negando o milagre".⁴

Milagres Bíblicos

A Bíblia é considerada um livro sagrado pelos cristãos, judeus e muçulmanos. A palavra Bíblia vem do grego *biblia*, que significa "livros". Essas coleções de "livros" variam de crença para crença e até mesmo dentro de uma determinada crença. A Bíblia Católica, por exemplo, inclui os Apócrifos. Estes, contudo, não são considerados textos canônicos pelas religiões cristãs protestante e ortodoxa.

A versão judaica da Bíblia é chamada de Tanakh. Ela consiste de 39 livros do Antigo Testamento, que obedecem a uma ordem diferente daquela da Bíblia cristã. Ao mesmo tempo, é claro, o Tanakh é interpretado com o auxílio de uma Torá oral, que foi entregue a Moisés e transmitida por meio do conhecimento. Ela foi finalmente registrada por escrito nos primeiros séculos da Era Cristã e é conhecida como Michná e Talmude.

Os muçulmanos, assim como os judeus e os cristãos, consideram-se descendentes espirituais de Abraão. Seu texto principal, evidentemente, é o Alcorão. Entretanto, eles acreditam que três seções da Bíblia contêm revelação divina: os cinco primeiros livros (Pentateuco), os salmos e os evangelhos.

É curioso notar que não existe nenhuma palavra na Bíblia Hebraica que se relaciona com o termo "milagre".⁵ Isso ocorre porque a intervenção de Deus poderia explicar tudo o que acontece. Obviamente, os hebreus tinham consciência das numerosas situações que os maravilhavam e inspiravam admiração, e a Bíblia é plena de relatos dessa natureza.

Quando o anjo do Senhor apareceu a Moisés sob a forma de uma sarça ardente que não era consumida pela chamas, Moisés experimentou um sentimento de admiração e assombro. Contudo, ele não descreveu o ocorrido como um milagre. Esse foi apenas o primeiro de uma série de acontecimentos miraculosos que envolveram Moisés e o povo eleito. A mais espetacular dessas ocorrências foi quando as águas do Mar Vermelho se separaram para permitir que os israelitas fugissem do exército do faraó, que foi engolido pelo mar (Êxodo 14:21-29). Esse milagre finalmente libertou os israelitas, provando, de uma vez por todas, que eles eram de fato, o povo escolhido.

Esse foi, sem dúvida, um grande milagre, mas a Bíblia também cita inúmeros casos de milagres menores, que demonstram a compaixão divina pelas pessoas comuns. Eliseu presidia uma pequena comunidade de profetas. Uma dessas pessoas faleceu e sua viúva foi ameaçada, por um credor, de ter seus dois filhos levados e vendidos como escravos em pagamento da dívida. A viúva recorreu a Eliseu, pedindo-lhe ajuda. Este lhe perguntou o que tinha em casa. Tudo o que tinha, ela lhe respondeu, era uma minúscula botija de azeite para suas unções. Eliseu lhe disse para pedir emprestado o maior número possível de vasilhas a seus amigos e vizinhos e para enchê-las com o azeite de sua casa. Para surpresa da viúva, o azeite foi suficiente para encher todos os outros recipientes, enquanto o seu permanecia cheio. Quando ela contou a Eliseu o que tinha acontecido, ele lhe disse para vender o azeite. Isso lhe proporcionou dinheiro suficiente para pagar todas as suas dívidas, sobrando-lhe, ainda, o bastante para viver (2 Reis 4:1-7).

Essa história é semelhante a da multiplicação dos pães feita por Jesus. Com cinco pães e dois peixes, Jesus foi capaz de alimentar cinco mil pessoas (Mateus 14:15-21; Marcos 6:38-44; Lucas 9:13-17; João 6:1-14).

Jesus, naturalmente, fez muitos milagres, sendo o primeiro aquele em que transformou água em vinho nas bodas de Caná da Galiléia (João 2:1-11). Esse milagre é diferente dos posteriores e foi, provavelmente, realizado com relutância, pois ele disse à sua mãe que sua hora ainda não havia chegado. Ele realizou muitas curas, incluindo a de uma pessoa surda e muda. Ele curou paralíticos e cegos. Curou leprosos. Restituiu a vida a várias pessoas. A ocorrência mais famosa de um milagre dessa natureza foi quando ressuscitou Lázaro dos mortos em Betânia (João 11:38-44). Outro exemplo foi quando devolveu a uma viúva seu filho único em Naim (Lucas 7:11-17). Ele também trouxe de volta à vida a filha de doze anos de Jairo (Mateus 9:24-25; Marcos 5:35-43; Lucas 8:41-56).

Um dos mais bonitos milagres de Jesus foi ele ter andado sobre a água. No início, seus discípulos tiveram medo porque pensaram que fosse um fantasma que estivesse atravessando o mar em sua direção. Quando perceberam que se tratava de Jesus, Pedro imediatamente perguntou se ele também seria capaz de andar sobre a água. Jesus respondeu, "Vem" e Pedro desceu do barco. Ao ver as ondas, assustou-se, e começou a afundar. "E, prontamente, Jesus, estendendo a mão, tomou-o e lhe disse: Homem de pequena fé, por que duvidaste?" (Mateus 14:25-31).

Em sua maioria, os milagres de Jesus foram atos de compaixão. Dois mil anos atrás, acreditava-se que as doenças representavam a punição divina dos pecados. As curas de Jesus não apenas restabeleceram a saúde dos sofredores, como também removeram a enorme carga de culpa que estes carregavam.

Não nos surpreende que, sendo filho de Deus, Jesus podia realizar milagres segundo sua vontade, no momento que desejasse. A única vez em que pareceu ter alguma dificuldade foi quando voltou à sua cidade natal e se defrontou com a descrença de seus habitantes. Jesus suavemente declarou: "Não há profeta sem honra, senão na sua terra, entre os seus parentes e na sua casa" (Marcos 6:4). Por causa do ceticismo e da descrença, "ele não pôde ali fazer nenhum milagre, senão curar uns poucos enfermos, impondo-lhes as mãos" (Marcos 6:5).

Sem dúvida, a Ressurreição de Jesus é o milagre cristão supremo. Representou o triunfo sobre a morte e a promessa de vida eterna a todos que cressem Nele. As autoridades romana e judaica teriam apresentado o corpo se o tivessem levado por qualquer razão. Os apóstolos sofreram grandes provações e perseguições ao contarem às pessoas a respeito da ressurreição de Cristo. Eles não teriam perseverado em sua afirmação se tivessem removido o corpo de Jesus.

Mais de quinhentas pessoas testemunharam a ressurreição de Jesus. Este apareceu primeiro a Maria Madalena (João 20:14-18). Apareceu depois a Maria Madalena mais uma vez, nesse momento tendo Maria como testemunha (Mateus 28:9-10). Apareceu a Simão Pedro (Lucas 24:34), a dois discípulos que estavam a caminho de Emaús (Lucas 24:13-32) e a dez apóstolos (João 20:19-25). Tomé não estava presente nessa ocasião e afirmou que, a menos que pudesse ver o sinal dos cravos nas mãos Dele, e ali pusesse os seus dedos, não acreditaria (João 20:24-25). Oito dias mais tarde, Jesus apareceu aos onze apóstolos, incluindo Tomé (João 20:26-29). Ele apareceu depois a Simão Pedro, Tomé, Natanael, aos dois filhos de Zebedeu, e a dois outros discípulos no Mar de Tiberíades (João 21:1-14). Ele também apareceu novamente aos onze apóstolos, preparando-os para a sua missão futura (Mateus 28:16-20), a "mais de quinhentos irmãos de uma só vez" (1 Coríntios 15:6), a seu irmão Tiago (1 Coríntios 15:7) e a seus discípulos durante a ascensão (Lucas 24:50-53; Atos dos Apóstolos 1:4-11).

Apesar desses milagres, nem todos acreditavam. João escreveu: "E, embora tivesse feito tantos sinais na sua presença, não creram nele" (João 12:37). O Próprio Jesus disse: "Tampouco se deixarão persuadir, ainda que ressuscite alguém dentre os mortos" (Lucas 16:31).

Algumas pessoas têm expressado dúvida quanto aos milagres de Jesus, enquanto outras o consideram como uma figura puramente mítica. Obviamente, se as histórias relatadas nos evangelhos forem totalmente fictícias, seria razoável imaginar por que Jesus teria sido retratado da maneira como o foi. Ele, certamente, seria mostrado como um mago todo-poderoso, que iria produzir milagres muito mais espetaculares do que os que lhe são atribuídos. Por exemplo, quando andou sobre a água ele o fez durante a noite, tendo apenas seus discípulos como testemunhas. Se estivesse procurando causar o máximo de impacto, ele o teria feito à luz do dia, quando um grande número de pessoas poderia ver.

Os apóstolos de Jesus também foram capazes de realizar milagres em Seu nome. Pedro e João curaram um homem coxo quando este lhes pediu uma esmola à entrada do templo. Pedro lhe disse: "Não possuo nem prata e ouro, mas o que tenho, isso te dou: em nome de Jesus Cristo, o Nazareno, levanta-te e anda!" E, tomando-o pela mão direita, o levantou; imediatamente, os seus pés e tornozelos se firmaram; de um salto se pôs em pé, passou a andar e entrou com eles no templo, saltando e louvando a Deus" (Atos dos Apóstolos 3:2-8).

A história de Simão, o feiticeiro, é interessante, uma vez que ele ofereceu ouro aos apóstolos para que estes o ensinassem a fazer milagres. A Bíblia relata: "Vendo, porém, Simão que, pelo fato de imporem os apóstolos as mãos, era concedido o Espírito Santo, ofereceu-lhes dinheiro, propondo: 'Concedei-me também a mim este poder, para que aquele sobre quem eu impuser as mãos receba o Espírito Santo.' Pedro, porém, lhe respondeu: 'Teu dinheiro perecerá contigo porque pensaste que o dom de Deus pode ser comprado com dinheiro. Tu não fazes parte nem tens qualquer participação neste ministério: pois teu coração não é correto aos olhos de Deus.'" (Atos dos Apóstolos 8:18-21). Isso mostra que a capacidade de realizar milagres depende da fé e não do dinheiro.

São Paulo foi responsável por muitas curas milagrosas, incluindo o milagre de restituir a vida a um jovem chamado Êutico. Este estava sentado na janela do terceiro andar de uma casa, enquanto ouvia o prolongado discurso de São Paulo. Infelizmente, vencido pelo sono, caiu do terceiro andar abaixo. Todos correram para ajudá-lo, mas era tarde demais. A queda o havia matado. São Paulo "inclinou-se sobre ele e, abraçando-o, disse: Não vos perturbeis, que a vida nele está". Êutico imediatamente sentou-se, comeu e bebeu, e São Paulo, tendo partido e distribuído pão, falou até o amanhecer (Atos dos Apóstolos 20:9-12).

Milagres dos Santos

Embora Jesus e seus discípulos nunca tenham mencionado a palavra "santo", pessoas que parecem ter um relacionamento especial com Deus, além de perfeição moral e de um atributo de santidade, estão presentes em todas as grandes religiões e são chamadas de "santos". Essas pessoas com freqüência são videntes, profetas, instrutores, sacerdotes ou pregadores religiosos.

Os santos foram reconhecidos desde o primeiro século após a morte de Cristo, quando as pessoas começaram a venerar os mártires, considerando-os como santos. Elas acreditavam que esses mártires iam diretamente para o céu e podiam, portanto, efetivamente interceder pelos vivos.

No século X, o Papa João XV deu início aos procedimentos da canonização. Essa prática se desenvolveu gradualmente, transformando-se num processo regulamentado, segundo o qual quaisquer candidatos à santificação deverão ter levado uma vida exemplar, vivida de acordo com os princípios mais elevados, além de ter realizado pelo menos dois milagres. Conseqüentemente, bibliotecas inteiras poderiam ser criadas com livros que relatam milagres dos santos.

Um exemplo interessante desses milagres é a aparente imunidade ao fogo que São Francisco de Paula (1416-1507), fundador da Ordem dos

Mínimos, possuía. Numa ocasião, Francisco visitou um ferreiro para uma encomenda. O ferreiro estava ocupado e Francisco lhe perguntou se haveria ferro suficiente sobrando para executar o serviço de que necessitava. O artífice lhe indicou uma grande peça de ferro em brasa que estava no fogo. Francisco ergueu-a e, quando o ferreiro gritou para que a largasse, respondeu que estava se aquecendo com ela.

Numa outra vez, ele ajudou alguns homens a fazer carvão. Infelizmente, os trabalhadores não fizeram um bom serviço e chamas começaram a escapar através da terra que tinham colocado sobre a madeira. Enquanto os homens procuravam mais terra, Francisco controlou as chamas com os pés descalços.

Francisco foi também capaz de transferir sua imunidade a outras pessoas. Um forno de calcinação parecia a ponto de ruir. Como a entrada era muito estreita para Francisco passar, ele pediu a um monge, mais baixo que ele, para se arrastar até o interior do forno e escorar o teto com uma viga. O monge executou essa tarefa sem sofrer quaisquer queimaduras.[6]

Dom Bosco (1815-1888) foi canonizado em 1934. Em 1860 ele e sua mãe cuidavam de um abrigo para jovens sem família em Turim, na Itália. Uma manhã, enquanto ouvia confissões, foi informado de que o pão disponível não era suficiente para o café da manhã das mais de trezentas crianças sob seus cuidados. Dom Bosco disse em voz baixa às auxiliares para juntar todo o alimento que havia porque ele iria distribuí-lo pessoalmente. Francisco Dalmazzo, um menino que se encontrava no abrigo, mais tarde relatou que Dom Bosco começou com uma cesta contendo entre quinze e vinte pãezinhos, que nunca pareciam diminuir em quantidade, à medida que Dom Bosco dava a cada criança um pãozinho.[7] Esse milagre foi, em essência, uma duplicação daquele realizado por Jesus, quando ele alimentou cinco mil pessoas com cinco pães e dois peixes (Mateus 14:14-21; Marcos 6:35-44; João 6:5-14).

Durante toda a sua vida, Dom Bosco foi protegido pelo cão-fantasma chamado Gerigio, que atacava qualquer pessoa que tentasse ferir o sacerdote. Numa ocasião Gerigio voltou-se contra Dom Bosco quando ele ia saindo do abrigo. Logo depois, um amigo chegou para avisá-lo sobre uma ameaça à sua vida. Muitos tentaram explicar o mistério de Gerigio. Uma das explicações mais plausíveis é a de que o anjo da guarda de Dom Bosco assumia a aparência de um grande cão sempre que necessário, uma vez que essa era a forma com maior probabilidade de ajudar.[8]

São João Maria Vianney (1786-1859) também alimentou uma multidão com muito pouca comida. Um dia ele descobriu que não tinha absolutamente nenhum trigo para fazer pão que serviria de alimento às crianças no seu orfanato em Ars, na França. Ele então colocou um pequeno relicário de um santo dentro do trigo e orou. Na manhã seguinte havia tanto grão no celeiro que todos temeram que o chão de madeira, já antigo, fosse ceder sob seu peso. Numa outra passagem, havia suficiente farinha para fazer apenas três filões de pão em vez dos dez filões que eram necessários. João disse à cozinheira para rezar e assar o pão. Para seu espanto, ela conseguiu produzir dez enormes filões de pão, cada um pesando entre cinco e dez quilos. Quando contou a João o que havia acontecido, relata-se que ele respondeu: "Deus é muito bom. Ele olha pelos pobres!"[9]

São João Vianney revelou uma interessante predição a respeito de si mesmo em 1852. Suas obras levavam à conclusão previsível de que se tornaria santo; ele, porém, afirmou que a cerimônia de sua canonização seria adiada devido à guerra. Ele foi beatificado em 1905 e teria sido canonizado em 1914. Contudo, a Primeira Guerra Mundial impediu que ele alcançasse esse objetivo até 1925, quando foi canonizado como santo patrono dos párocos.

São Bruno (c.1030-1101), fundador da Ordem dos Cartusianos, não multiplicava alimentos, mas tinha a capacidade de transformar aves em tartarugas. Numa sexta-feira, São Bruno chegou a um mosteiro e encontrou todos os monges sentados diante de pratos com carne de aves. Ninguém sabia o que fazer, uma vez que eles estavam proibidos de comer ave às sextas-feiras. São Bruno sentou-se à mesa, fez o sinal da cruz sobre o alimento proibido, transformando-o em tartarugas, uma refeição permitida aos monges.[10]

Provavelmente, o mais incrível milagre de conversão de alimentos envolveu São Nicolau de Tolentino (1245-1305). Ele estava à beira da morte e seus companheiros não podiam deixar de notar que ele havia emagrecido muito. Decidiram incentivá-lo a comer, preparando uma refeição especial de pombos ao molho. No entanto, Nicolau era vegetariano e não comeu o prato que lhe foi oferecido. Sentou-se na cama e fez um gesto com as mãos sobre o prato. Instantaneamente, a vida foi restituída aos pombos, que voaram pela janela, permanecendo ali até que São Nicolau finalmente faleceu poucos dias depois. Os monges acreditavam que os pombos transportaram sua alma para o Céu.[11]

Bilocação

Através da história, um pequeno número de pessoas santas foi capaz de estar em dois lugares ao mesmo tempo. Esse fenômeno é conhecido como bilocação. Um dos casos mais famosos é o de Santo Afonso de Liguori (1696-1787). Em 22 de setembro de 1774, Afonso meditava numa cela de prisão em Arezzo, Itália. Após a meditação ele contou aos seus companheiros de prisão que o Papa Clemente XIV tinha acabado de morrer. Os prisioneiros demonstraram ceticismo, uma vez que Afonso, evidentemente, não havia deixado a cela, e Roma se encontrava a mais de um dia de viagem dali. Entretanto, um ou dois dias mais tarde receberam a notícia de que o papa havia falecido e que Afonso tinha sido visto participando das vigílias de oração à cabeceira do moribundo.

Outro exemplo bem conhecido é o de Santo Antonio de Pádua (1195-1231). Santo Antonio fazia um sermão numa igreja em Limoges na Quinta-Feira Santa de 1226, quando se lembrou, subitamente, de que deveria estar conduzindo um serviço religioso num mosteiro do outro lado da cidade. Ele se ajoelhou e rezou, observado pela sua congregação. No mesmo instante, os monges viram Santo Antonio se aproximar do altar para celebrar o ofício religioso. Quando terminou, voltou ao seu banco na capela. Imediatamente depois disso, a congregação na primeira igreja o viu levantar-se e terminar o sermão.

Um dos aspectos estranhos da bilocação é o fato de a pessoa poder comer, beber e fazer qualquer coisa que deseje, mas em dois lugares diferentes simultaneamente. Uma dessas duas pessoas não é uma aparição. Por outro lado, não se trata de uma experiência fora do corpo, na qual o corpo astral é visto pelos outros. Esse indivíduo temporariamente existe em dois corpos ao mesmo tempo.

São Martin de Porres (1579-1639) demonstrou que a distância não tem influência sobre esse fenômeno, já que foi visto em dois países diferentes ao mesmo tempo. Ele passou toda a sua vida no Peru, mas foi visto no Japão e na China. São Martin com freqüência expressava seu desejo de trabalhar como missionário no Extremo Oriente. Ele também visitou um homem espanhol numa cela de prisão na Argélia e lhe deu dinheiro suficiente para pagar seu resgate. Esse homem, que tinha sido aprisionado pelos turcos, ficou impressionado ao visitar Lima e encontrar São Martin no mosteiro do Santo Rosário.[12]

Os superiores de Maria de Ágreda, uma freira do século XVII, exigiram que ela parasse de falar a respeito de suas visitas a tribos indígenas do Novo México, uma vez que todos sabiam que ela nunca tinha saído da sua terra natal, a Espanha. Por outro lado, entretanto, o padre Alonzo de Benavides, do Novo México, escreveu uma carta ao papa para contar-lhe sobre a "senhora de azul", que havia dado aos indígenas vários objetos, incluindo um cálice para ser usado durante a celebração da missa. Surpreendentemente, o cálice tinha vindo do convento de Maria na Espanha.[13]

Seguidores de Satya Sai Baba atestam o fato de que ele possui a faculdade de estar concomitantemente em dois lugares diferentes. Dois pesquisadores da Sociedade Norte-americana de Pesquisa Psíquica, Karlis Osis e Erlendur Haraldsson, visitaram a Índia em várias ocasiões para investigar essas afirmações. Eles se mostraram céticos quanto à parte das alegações de Sai Baba, mas ficaram impressionados com a capacidade de bilocação de outro místico, Dadaji. Em 1970, Dadaji visitava alguns devotos em Allahabad. Ao mesmo tempo, uma réplica sua foi a uma casa em Calcutá. Roma Mukherjee, filha dos donos da casa, estava lendo um livro quando Dadaji apareceu. Inicialmente, Dadaji era quase transparente, porém a aparição rapidamente se tornou mais sólida, e Dadaji pediu a Roma que lhe trouxesse uma xícara de chá. Dadaji bebeu o chá e fumou meio cigarro, antes de desaparecer.[14]

A bilocação é um fenômeno raro, mas pode certamente ser classificada como um milagre. São Martin de Porres era completamente pragmático a respeito de seus poderes nesse sentido. Quando alguém lhe perguntava sobre eles, acredita-se que sua resposta teria sido: se Deus podia multiplicar peixes e pães, Ele com certeza podia duplicá-lo.

Levitação

Registros da Igreja Católica Romana indicam que mais de duzentos santos conseguiram dominar a lei da gravidade e levitaram. Na verdade, existem tantas transcrições de casos de levitação que a Igreja Católica deixou de considerar essa estranha capacidade como uma evidência de santidade. De fato, algumas vezes a levitação involuntária de padres e monges revelou-se constrangedora. São José de Copertino (1603-1663) é um bom exemplo disso. As levitações de José tornaram-se tão famosas que ele passou a ser conhecido como o "frade voador". Ele sempre tinha sido considerado uma pessoa difícil e, enquanto permanecia num mosteiro, antes de enfrentar acusações de heresia, várias freiras viram José voar de um canto da capela até o altar e voltar. O caso seguinte registrado de sua levitação foi numa ocasião em que se ajoelhou para beijar os pés do Papa Urbano III. Em vez de beijar os pés do pontífice, ele entrou em êxtase, elevando-se mais de um metro no ar. Em Assis, ele voou a quase cinco metros de altura sobre as cabeças dos outros fiéis para beijar um quadro da Virgem Maria.

O exemplo mais famoso de levitação envolvendo José ocorreu enquanto ele caminhava pelos jardins de um mosteiro ao lado do Reverendo Antonio Chiarello. Quando Chiarello fez um comentário sobre a beleza do céu criado por Deus, José deu um grito de alegria e imediatamente se elevou no ar, indo parar no alto de uma oliveira. Pessoas que testemunharam essa levitação comentaram, surpresas, que o galho no qual pousou agitou-se apenas ligeiramente, como se um pequeno pássaro tivesse pousado nele e não um homem adulto. José permaneceu em êxtase durante uma hora inteira, antes de voltar ao seu estado normal. Os outros monges precisaram de uma escada para descê-lo da árvore.

Numa ocasião, José fez com que uma pessoa a seu lado também levitasse. Durante a celebração de uma missa especial na Igreja de Santa Clara de Copertino, José estava de joelhos rezando, quando o padre que a celebrava disse: "Vem, Noiva de Cristo." José imediatamente correu para um padre de Secli que estava assistindo, agarrou sua mão e levitou, levando o estarrecido sacerdote consigo.[15]

Felizmente, embora ele sofresse perseguições no início, a igreja acabou por aceitar as levitações de José como uma obra de Deus. Mesmo na hora morte de José, o médico que o atendia percebeu que ele flutuava a cerca de vinte centímetros acima da cama.[16]

Santa Teresa d'Ávila (1515-1582) era famosa por suas levitações. Entretanto, essas levitações involuntárias lhe causavam extremo constrangimento. Sempre que sentia que ia levitar, ela pedia às outras irmãs que a segurassem no chão.

A levitação não é prerrogativa exclusiva dos santos. O *Frankfurter Zeitung* de 8 de setembro de 1861 trazia um artigo sobre uma missa na

Igreja de Santa Maria, em Viena, no domingo anterior. "Logo depois do início do sermão, uma jovem de cerca de vinte anos revelou todos os sinais de êxtase e, em seguida, com os braços cruzados sobre o peito e os olhos fixos no sacerdote, ela foi observada por toda a congregação enquanto era erguida gradualmente no ar, ficando a uma distância de mais de trinta centímetros do solo, até o padre acabar de falar. Fomos informados que o mesmo fenômeno havia ocorrido vários dias antes, no momento em que a jovem recebia a comunhão."

A levitação é mais rara fora dos círculos religiosos. Contudo, o médium inglês Daniel Dunglas Home ganhou a reputação de ter levitado em pelo menos cem ocasiões diferentes, algumas vezes quando estava em pé, outras quando sentado numa cadeira. Nesse último caso, a cadeira normalmente levitava com ele.

Relíquias

As relíquias têm desempenhado um papel importante em muitas religiões. Exemplos incluem fragmentos da cruz de Jesus, o dente sagrado de Buda, fios de cabelo do profeta Maomé.

Relíquias sagradas começaram a ser reverenciadas já nos primeiros tempos da Igreja Cristã. Em 326 d.C. Helena, mãe do Imperador Constantino, fez uma peregrinação à Palestina. Enquanto estava lá, um judeu devoto levou-a até o lugar, onde, acreditava-se, Jesus tinha sido crucificado. Quando o chão foi escavado, três cruzes foram encontradas. Helena queria descobrir em qual das cruzes Jesus havia sido pregado. De acordo com uma das versões dessa história, o corpo de uma pessoa morta foi colocado sobre cada uma das cruzes, sucessivamente. O corpo, por milagre, reviveu ao ser posto na cruz de Jesus. Outras versões afirmam que uma mulher enferma foi curada ao tocar a cruz de Jesus. Helena levou metade da cruz de volta para Roma, além da coroa de espinhos e dos cravos que tinham sido usados para pregar Jesus na cruz, transformando esses objetos nas primeiras relíquias religiosas da igreja cristã.[17]

As relíquias eram, originalmente, objetos de devoção, mas não levou muito tempo para que surgissem relatos de milagres atribuídos a elas. Santo Agostinho afirmava que, só em Hippo-Regio, cerca de setenta milagres foram registrados como estando relacionados com as relíquias de

Santo Estevão. Em suas *Confissões*, Santo Agostinho mencionou muitos milagres realizados por relíquias. Por exemplo, um homem cego em Milão teve sua visão restaurada ao tocar o tecido que cobria os ossos de dois dos primeiros mártires, Protásio e Gervásio.

Centenas de milhares de curas semelhantes atribuídas a relíquias foram relatadas durante a Idade Média.[18] As igrejas que abrigavam essas relíquias religiosas ganharam enormes somas de dinheiro com elas e isso encorajou outras igrejas a fraudulentamente afirmar que também possuíam relíquias genuínas. À medida que as pessoas foram se tornando mais esclarecidas, a crença em relíquias diminuiu.

Santuários

Santuários sagrados são, até hoje, locais procurados para peregrinação. Na época medieval, um grande número de pessoas enfermas fazia longas peregrinações a lugares consagrados pela Igreja em Glastonbury, Lindisfarne, Canterbury, Westminster, St. Albans e muitos outros, em busca de uma cura milagrosa. Algumas vezes, um milagre ocorria. Segundo relatos, mais de quinhentos milagres foram realizados no santuário de São Thomas Becket. Alega-se que a vida foi restituída a 39 pessoas na Igreja da Santa Cruz de Bronholm, em Norfolk, sendo outras doze curadas de cegueira.[19]

Estigmas

Os estigmas constituem a ocorrência de feridas, réplicas das chagas de Cristo na cruz. Sangue aparece nas mãos e nos pés, e algumas no lado direito do corpo, onde Jesus foi trespassado por uma lança ou na fronte, onde lhe foi colocada uma coroa de espinhos. Surpreendentemente, as feridas aparecem e desaparecem, reaparecendo, normalmente, em ocasiões específicas, como na Sexta-Feira Santa ou no dia de Natal. Embora, em alguns casos, as feridas permaneçam abertas durante longos períodos de tempo, nunca infeccionam.

A primeira pessoa, segundo se sabe, a receber os estigmas foi São Francisco de Assis; as feridas surgiram em 1224, quando ele orava no alto do Monte Alverno. Ele tentou escondê-las de seus seguidores, mas isso foi impossível. Contudo, embora São Francisco seja geralmente considerado como o primeiro, é possível que São Paulo já apresentasse os estigmas. Em sua epístola aos Gálatas (6:17), ele escreveu: "Quanto ao mais, ninguém me moleste; porque eu trago no corpo as marcas de Jesus."

Desde então, tem havido numerosas descrições de pessoas com estigmas. As feridas parecem se abrir como resultado do êxtase religioso. Uma mulher da Bavária, Teresa Neumann (1898-1962) recebia os estigmas todas as sextas-feiras; isso ocorreu por 32 anos, tendo se iniciado na Páscoa de 1926. É impressionante notar que ela perdia até meio litro de sangue cada vez que os estigmas apareciam. Quando em estado de transe, ficava deitada, sem se mover na cama, e revivia todos os momentos do Calvário e da crucificação. Aparentemente, também conseguia falar aramaico e outras línguas enquanto permanecia nesse estado, ainda que em estado de vigília não falasse esses idiomas. Ela podia responder perguntas durante o transe, e tudo indica que suas descrições de Jerusalém no tempo de Jesus eram precisas. Os estigmas duravam um ou dois dias, mas Teresa se recuperava totalmente, sendo capaz de ir à igreja no domingo. Ela usava luvas brancas para esconder as cicatrizes.[20]

Outra pessoa bem conhecida que apresentou estigmas foi o Padre Pio de Pietrelcina (1887-1968). Um dia, em 20 de setembro de 1918, Padre Pio estava sozinho na capela do mosteiro em San Giovanni Rotondo. A missa havia terminado, mas Padre Pio continuava de joelhos em frente a uma estátua que representava a crucificação de Cristo. Subitamente, os outros frades ouviram-no gritar de dor. Ao correrem para socorrê-lo, viram que sangue escorria de profundas feridas em suas mãos e pés, e no lado esquerdo do peito. Essas feridas nunca sararam totalmente. Cicatrizavam durante algum tempo, mas depois recomeçavam a sangrar.

A igreja católica não ficou satisfeita com a atenção que o jovem sacerdote atraiu devido aos estigmas. Relatos de jornais da época mencionam longas filas de pessoas que queriam se confessar somente com o Padre Pio.[21] No dia 5 de julho de 1923, a Sagrada Congregação do Santo Ofício declarou que não ficara provado que aquilo que havia acontecido ao Padre Pio tinha origem sobrenatural. Isso não resolveu a situação. Livros sobre o Padre Pio foram banidos e uma tentativa de afastá-lo de San Giovanni Rotondo falhou, quando os habitantes locais ameaçaram usar força, se necessário.

Um culto se desenvolveu em torno do Padre Pio, especialmente quando ele se mostrava capaz de curar a distância. Podia ainda se duplicar, aparecendo por toda a Europa enquanto, ao mesmo tempo, era visto em San Giovanni Rotondo. As pessoas normalmente sentiam um forte perfume no momento dessas aparições.

Uma das curas esteve ligada a um fazendeiro de Pádua, que tinha sofrido embolia em ambos os pulmões. O fazendeiro orou, pedindo ajuda, e a imagem de um monge de barba apareceu. A aparição pousou sua mão sobre o peito do doente, sorriu e desapareceu. O fazendeiro imediatamente sentiu que estava curado, sendo este, realmente, o caso. Poucos meses mais tarde, viu uma fotografia do monge que tinha aparecido para ele e descobriu se tratar do Padre Pio. Foi a Foggia, assistiu à missa da manhã, indo depois se confessar com o Padre Pio. Antes que tivesse a oportunidade de se apresentar e explicar o porquê de estar ali, o Padre Pio lhe perguntou: "E quanto aos seus pulmões? Como eles estão agora?"[22]

Um milagre ainda mais notável ocorreu quando, em 1929, Padre Pio curou o Dr. Ricciardi, um homem que o considerava uma fraude. Quando o dr. Ricciardi contraiu um tumor incurável no cérebro, anunciou aos seus parentes que queria morrer em paz e que, especialmente, não desejava ver nenhum padre. Se algum decidisse visitá-lo, os parentes deveriam expulsá-lo da casa. Um dia, já próximo da morte, o médico abriu os olhos e viu o Padre Pio na porta do quarto. Este entrou e começou a rezar em latim, pedindo paz para a casa e para todos que nela viviam. Ao terminar a oração, o Padre Pio perguntou se o médico aceitaria receber dele o santo óleo, que usava para ungir os moribundos. O doente concordou.

"Sua alma está bem", Padre Pio disse. "E em poucos dias seu corpo também ficará bem outra vez."

O Padre Pio estava certo e a saúde do Dr. Ricciardi foi restaurada, tornando-se perfeita.[23] O Padre Pio foi igualmente famoso por sua capacidade de estar em dois lugares ao mesmo tempo; em 1942 duplicou-se, aparecendo ao lado da cama de um amigo que estava morrendo, o Monsenhor Damiani, em Salto, no Uruguai.

Muitos portadores de estigmas também produzem anéis vermelhos, que envolvem a carne do anular. Estes são chamados de anéis matrimoniais e as pessoas que os recebem crêem que eles foram colocados em seus dedos por Cristo. Marie-Julie Jahenny é um exemplo de uma pessoa com estigmas que recebeu um anel matrimonial; isso ocorreu em 1873 quando ela estava com 23 anos. O anel nunca desapareceu e parecia ser feito de coral vermelho.[24]

Há mais de trezentos casos relatados de manifestação de estigmas. A maior parte em mulheres.[25] Naturalmente, a maioria desses casos ocorreu com pessoas profundamente religiosas, mas um pequeno número de pessoas não religiosas também os recebeu.

Na religião islâmica também há registros de estigmatizações. Os estigmas apareceram em pessoas que contemplavam os ferimentos de batalha do profeta Maomé.[26]

Não nos surpreende que o fenômeno dos estigmas tenha sido cuidadosamente investigado no correr dos anos. Nem todos os atribuem à intervenção divina. Um dos argumentos usados para negá-lo é o de que a localização exata dos estigmas varia de pessoa para pessoa, correspondendo, com freqüência, aos pontos mostrados numa imagem de Cristo que é familiar à pessoa estigmatizada. Alguns dizem que os estigmas são causados em pessoas que acham difícil viver de acordo com os ideais imaginados de uma vida cristã. Outros consideram-nos como punição para os impulsos sexuais inaceitáveis. Independentemente das causas dos estigmas, as feridas em si comportam-se de uma maneira bastante misteriosa. Elas não podem ser curadas pela ciência médica contemporânea e nem inflamam ou infeccionam. Alguns portadores de estigmas sangram constantemente, enquanto outros sangram somente em dias com um significado especial, como nas sextas-feiras e aos domingos.

Estátuas que Sangram

Como é possível que estátuas de Nossa Senhora, feitas de gesso, chorem? Ou estátuas semelhantes de Cristo sangrem? Em 1968 uma estátua de madeira de Cristo em tamanho natural, que se encontrava em Porto das Caixas, no Brasil, começou a sangrar para consternação do coroinha que descobriu o sangramento. O crucifixo datava de trezentos anos antes. No dia seguinte à descoberta, o primeiro milagre de cura foi relatado. Por volta de 1976 oito dos muitos milagres realizados pela estátua foram ratificados por uma comissão criada pelo Arcebispo Antonio de Almeida Moraes. O sangue foi testado pelo Dr. Enias Heringer e considerado genuíno.[27]

Em 1974, uma estátua da Virgem Maria em Caltanisetta, Sicília, começou a sangrar no lado esquerdo da face. O sangue parou durante alguns anos, recomeçando em 1981.

Em 1975 o Dr. Joseph Rovito radiografou uma estátua de gesso que sangrava através das mãos, todas as sextas-feiras e em outros dias santos. O sangramento continuava, ininterruptamente, por até quatro horas. O Dr. Rovito ficou atônito com o que descobriu. O sangue era genuíno, porém tinha uma contagem de hemácias extremamente baixa, o que indicava uma extraordinária antiguidade.[28]

Tem havido muitos outros casos de estátuas que choram e sangram. Houve, ainda, pelo menos um exemplo de um cartão-postal com a imagem de Jesus que sangrava. O aspecto fascinante desse fenômeno é que as lágrimas e o sangue fluem dos locais esperados. As lágrimas vêm dos olhos da Virgem Maria, enquanto o sangue aparece na fronte, nas mãos, nos pés e no lado de Jesus.

Foi argumentado que essas estranhas manifestações são causadas inconscientemente pela forte fé dos possuidores dessas estátuas. Entretanto, mesmo que isso seja provado, o fenômeno permanece miraculoso.

Milagres do Islamismo

Os milagres atribuídos a Jesus são fundamentais para a fé cristã. Os milagres atribuídos a Maomé não constituem parte integral da fé islâmica e parecem puramente incidentais na sua vida e nos seus ensinamentos. De fato, em alguns livros, os milagres de Maomé aparecem sob a forma de listas, em vez de serem descritos detalhadamente. Um exemplo notável disso é a lista de 45 milagres no Livro XX do *Ihyá 'ulum ad-din*, escrito pelo teólogo medieval, Abu Hamid al-Ghazzali, que faleceu em 4 d.C.[29]

O primeiro da lista é um milagre famoso, no qual Maomé dividiu a Lua em duas metades, de maneira que o Monte Hira pudesse ser visto entre as duas partes. Ele o fez para convencer seus inimigos, os Quraysh, que suas revelações eram verdadeiras.

Em várias ocasiões, o profeta alimentou grande número de pessoas com pequenas quantidades de comida. Por exemplo, ele alimentou mais de oitenta homens com quatro bolos de cevada que cabiam na palma de uma mão. Numa outra vez, Maomé percebeu que as provisões do exército na companhia do qual estava tinham se tornado extremamente reduzidas. Pediu que tudo fosse trazido para ele. Abençoou o alimento e depois pediu que o redistribuíssem. Todas as vasilhas do acampamento ficaram completamente cheias.

Ele tirou água de poços vazios. Num outro caso, a água correu entre seus dedos e ele pôde aplacar a sede de todo um exército. A capacidade de produzir água em regiões desérticas é um feito difícil de exagerar.

Maomé cegou um exército inimigo ao soprar sobre ele um punhado de areia. Mobilizou duas árvores, que vieram até onde ele estava, juntando-se uma à outra, até que ele ordenou que se separassem.

O profeta realizou igualmente milagres de cura. O olho de um de seus companheiros se deslocou e ficou pendurado sobre a face. Maomé o colocou de volta, ficando o mesmo completamente curado. Ele curou o pé ferido de outro companheiro esfregando-o.

Numa ocasião, fez o contrário. Perguntou ao pai de uma jovem se poderia se casar com sua filha. Em vez de dizer "não", o pai lhe explicou que a moça tinha lepra. Maomé retrucou, "Que assim seja", e ela imediatamente ficou doente.

A Viagem Noturna e a Ascensão de Maomé são os aspectos mais importantes de sua vida. A Viagem Noturna conta como o Arcanjo Gabriel chamou Maomé e o levou num cavalo alado a Jerusalém, onde ele encontrou todos os antigos profetas, de Adão a Jesus. Maomé os liderou nas orações, demonstrando sua precedência sobre os outros.

Depois disso, ele visitou o céu. Existem vários relatos da Ascensão de Maomé. Em todas as versões, Gabriel conduz o profeta através dos vários níveis do céu, onde, ao longo do caminho, ele encontra diferentes profetas. Maomé conversa com Adão no primeiro céu e com João Batista e Jesus no segundo. Dirige-se a Moisés e a Abraão no sexto céu. Ele então sobe na Árvore da Vida e observa quatro rios, dois visíveis e dois ocultos. Gabriel lhe diz que os dois rios ocultos estão no Paraíso e que os dois rios visíveis são o Nilo e o Eufrates. Depois, são trazidos para ele recipientes contendo vinho, leite e mel, o que demonstrava que a terra dos árabes era santa e continha leite e mel, exatamente como havia sido prometido aos antigos hebreus. O clímax da Ascensão foi o momento em que Maomé viu Deus. Alguns relatos afirmam que Maomé viu Deus diretamente, outros que ele O viu através de uma névoa.

Em algumas versões da Ascensão, Maomé pediu para ter um vislumbre do inferno, sendo-lhe mostrado o tormento das pessoas condenadas a passar a eternidade ali.

A Viagem Noturna e a Ascensão desempenham um papel especial no islamismo. Elas demonstram que Maomé é o maior de todos os profetas, alguém privilegiado o suficiente para ter tido uma visão do céu e do inferno. Mais importante, evidentemente, foi Maomé também ter visto Deus.

Uma graça especial foi ainda concedida a Maomé no final de sua vida. Quando Azrael, o anjo da morte, veio visitá-lo, Maomé lhe pediu uma hora a mais de vida, pois queria falar com Gabriel. Este chegou com setenta mil anjos, que cantavam versos do Livro Sagrado. O Arcanjo Miguel também esteve presente e trazia consigo versos do Livro Sagrado. Maomé despediu-se de Fátima, sua esposa, e lhe disse que ela iria se juntar a ele em seis meses. Despediu-se de seus filhos e netos, depois fechou os olhos e morreu.

A religião muçulmana aceita milagres e acredita que Alá os realizou por meio de Moisés, Salomão e Jesus. É interessante notar que o profeta Maomé não afirmava ter feito milagres. Considerava o Alcorão o milagre supremo, sendo ele mesmo simplesmente um mensageiro humano.[30] A despeito disso, seu nascimento e vida foram envoltos numa série de detalhes milagrosos.

Milagres são raramente mencionados no Alcorão. O termo para milagre nessa escritura é Çya, que significa um sinal ou marca aparente pelos quais algo é conhecido. No Sutra 6:109, está escrito: "Eles juram por Alá, por meio de seus votos mais sagrados, que, se um sinal viesse até eles, por ele acreditariam. Diz: 'Certamente, os sinais estão no poder de Alá, mas naquilo que fará você perceber que os Sinais vieram, eles não acreditarão.'"[31] "Os Sinais estão no poder de Alá" indica que sinais extraordinários ocorreriam para revelar a divina missão do Profeta.

Os místicos islâmicos, conhecidos como *sufis*, crêem implicitamente em milagres e fazem peregrinações aos túmulos de santos que têm o poder de conceder *barakah* (bênçãos) mesmo depois da morte. O culto aos santos exerce um importante papel na crença popular. Muitos túmulos de santos foram destruídos por fanáticos religiosos que acreditam que o culto aos santos não faz parte do verdadeiro Islã.

Milagres Judaicos

Há um antigo provérbio judaico que afirma: "Aquele que não crê em milagres não é realista." Muitos milagres foram registrados no Talmude, que é uma coleção de leis, lendas e folclore dos judeus, assim como nas escrituras.

Na tradição judaica existe a crença de que os milagres podem ser obtidos ao se usar os nove nomes de Deus que são encontrados nas Sephiroth, os dez estados do ser da Cabala. Isso vem da sentença de abertura do Evangelho Segundo João, onde se lê: "No princípio era o Verbo, e o Verbo estava com Deus, e o Verbo era Deus" (João 1:1) Contudo, os nomes encontrados nas Sephiroth são, na verdade, substitutos de nomes secretos; portanto, deve ter sido a crença das pessoas que recitavam esses nomes a causa dos milagres. Os nove nomes são:

Ehieh (ou Emet)

Iod

Tetragrama Elohi

El

Elohim Gebor

Eloah Va-Daath

El Adonai Tzabaoth

Elohim Tzabaoth

Shaddai (ou El Chai)

El é Deus em hebraico; Elohim, sua forma no plural. Curiosamente, quando Moisés perguntou a Deus qual era o Seu nome, a resposta foi: "Eu Sou o que Sou"(Êxodo 3:14).

Os cabalistas interessavam-se por milagres. Já o judaísmo rabínico não estava particularmente interessado em milagres, uma vez que seu principal interesse era cumprir a vontade de Deus, de acordo com a Sua lei. Contudo, o movimento hassídico, que foi iniciado no século XVIII, tinha uma forte crença no poder mágico dos milagres dos santos e rabinos do hassidismo.[32]

Milagres Budistas

Gautama Buda realizou vários milagres, mas tinha a tendência de não levá-los muito a sério, uma vez que achava que lhes faltava significado espiritual. Não obstante, o cosmo espontaneamente fez com que fenômenos miraculosos ocorressem em momentos cruciais de sua vida, incluindo o nascimento, a iluminação e a morte. Esses incluíram terremotos, flores que caíram do céu, o brotar de árvores cobertas de jóias e o aparecimento de rios maravilhosamente perfumados.

Os santos do budismo também estiveram cercados por fenômenos milagrosos e pareciam quase sobrenaturais. Eles podiam controlar tempo e espaço, vida e morte, e pareciam ter total controle sobre todo o universo. Mahakasyapa, um discípulo de Buda, é um bom exemplo de santo budista. Ele era capaz de voar por um passe de mágica, realizar transformações e instruir tanto seres humanos quanto seres sobrenaturais.[33]

Após a morte de Buda, a realização de incontáveis milagres foi atribuída a relíquias associadas a ele. Segundo o Anguttara Nikaya, uma coleção de máximas de Buda, ele ensinou que existem três tipos de milagres: o milagre da magia, o milagre da telepatia e o milagre da instrução. Buda considerava o milagre da instrução como o mais importante de todos, e achava que os dois primeiros não constituíam muito mais do que truques de um ilusionista.

No Tibete, imagens mágicas, que com freqüência falam, da deusa Tara são consideradas como possuidoras de um poder milagroso. Acredita-se que Tara guarde e proteja os tibetanos desde o nascimento até depois da morte. Portanto, não nos surpreende o fato de ela ser altamente reconhecida; as pessoas partilham tanto suas alegrias quanto suas tristezas com ela. Existem muitas histórias dos incríveis poderes que suas imagens podem dar aos fiéis.

Um exemplo interessante relaciona-se com um homem assolado pela pobreza, que encontrou uma imagem de Tara numa rocha. Ele imediatamente se ajoelhou e rezou. Ao se levantar, ele notou que a imagem apontava para um santuário. Escavou o local indicado por ela, encontrando um pote cheio de jóias. O homem, antes na miséria, estava agora extremamente rico, mas usou o dinheiro para ajudar outras pessoas; durante sete gerações a pobreza desapareceu. Como recompensa, teve muitas encarnações nas quais viveu até uma idade avançada, conhecendo a prosperidade até o fim de seus dias.[34]

Um outro exemplo diz respeito a um servo que foi atacado por um iaque selvagem. Normalmente, ele teria sido perfurado pelos chifres, mas como carregava uma imagem de Tara, os chifres do animal foram esmagados contra o seu corpo e não o feriram.

Em 1968 um artigo de uma revista informativa tibetana, *Shes-bya*, descreveu como um inglês havia comprado uma imagem de Tara e tentara tirá-la ilegalmente do Nepal. Entretanto, quando ele tentava entrar no avião, a mala contendo a imagem foi ficando cada vez mais pesada, até que ele não conseguia mais levantá-la. Isso alertou os funcionários da alfândega, que confiscaram a imagem.[35]

Os milagres religiosos são importantes, uma vez que revelam o poder e o potencial de uma determinada religião à população como um todo. Entretanto, para a maioria das pessoas, um milagre pessoal, como a cura de uma doença é muito mais importante. Iremos examinar os milagres de cura no próximo capítulo.

Dois

Milagres de Cura

Os MILAGRES DE CURA têm uma história que data de milhares de anos atrás. Na Bíblia, o segundo Livro dos Reis contém um bom exemplo disso. Naamã, comandante dos exércitos do rei da Síria, era um soldado bem-sucedido e homem honrado. Contudo, todo o seu sucesso deixou de ter valor quando ele contraiu lepra. Sua esposa tinha uma serva, uma jovem judia, a qual sugeriu que Naamã procurasse Eliseu, o famoso curandeiro-profeta da Samaria. O rei da Síria concordou que ele deveria ir, e até mesmo se ofereceu para escrever uma carta ao rei de Israel.

O rei de Israel não ficou satisfeito ao receber a carta. Pensando bem, poderia haver problemas entre os dois países se Eliseu não conseguisse curar Naamã. O profeta acalmou o rei e argumentou que a visita de Naamã seria uma boa estratégia política.

Conseqüentemente, o grande general chegou e foi aconselhado por um dos servos de Eliseu a se banhar sete vezes no Rio Jordão. Naamã ficou extremamente desapontado. Ele havia esperado algo muito mais espetacular e miraculoso do que isso. Afinal de contas, os rios da Síria eram muito superiores ao Rio Jordão! Naamã fez meia-volta e dirigiu-se para casa. Felizmente, seus servos sugeriram que ele pelo menos tentasse o tratamento indicado. Ele fazia sentido após uma viagem tão longa.

Naamã submeteu-se aos sete banhos no Rio Jordão. Para sua surpresa, "sua carne se tornou como a carne de uma criança, e ficou limpo" (2 Reis 5:14). Depois dessa cura milagrosa, Naamã procurou Eliseu e lhe ofereceu um generoso pagamento. Ficou novamente atônito quando Eliseu recusou. Naamã então anunciou que daquele momento em diante iria cultuar somente o deus de Israel.

Entretanto, a história ainda não estava completa. Geazi, um dos servos de Eliseu, achou que ele mesmo deveria receber alguma recompensa. Afinal, era servo do grande curandeiro. Correu atrás do general sírio e lhe implorou por um talento de prata, além de duas mudas de roupa. Naamã lhe entregou os dois talentos de prata, assim como as duas vestes festivais. Quando o servo voltou para a casa de seu senhor, Eliseu soube o que ele tinha feito. Como punição, transmitiu a doença de Naamã para Geazi, que "saiu de diante dele leproso, branco como neve" (2 Reis 5:27).

Jesus foi perito na arte de curar, como já vimos. Além disso, era ainda um excelente psicólogo. Quando visitou a Piscina Probática de Betsaida, encontrou um homem que tinha estado paralítico por 38 anos. Apesar desse longo período de tempo, o homem nunca havia feito um esforço real para entrar na água e ver se poderia ser curado. Evidentemente, ele tinha uma desculpa para isso. A primeira pessoa a entrar na piscina depois de as águas terem sido agitadas por um anjo estaria curada. O homem afirmava que não havia ninguém para erguê-lo e colocá-lo na água. Quando ele tentava entrar na água sozinho, outras pessoas passavam-lhe à frente. Era óbvio que a doença o beneficiava, pois gostava de receber solidariedade e esmolas dos outros. É comum algumas pessoas efetivamente preferirem estar doentes; isso, com freqüência, pode lhes oferecer uma desculpa para não enfrentarem as exigências da vida. Essas pessoas podem dizer que querem ser curadas e tentar pôr em prática qualquer método de cura que lhes ocorrer, porém, como, subconscientemente, beneficiam-se com a doença, nenhum desses métodos de cura irá funcionar. Jesus sabia disso muito bem e, por essa razão, perguntou ao homem, "Quer ser curado?" Ao receber uma resposta positiva, Jesus lhe disse: "levanta-te, toma o teu leito e anda." (João 5:6).

A igreja cristã primitiva punha grande ênfase na cura. Temos um exemplo disso quando o apóstolo Pedro curou instantaneamente um homem de paralisia. Enéias tinha estado preso ao leito durante oito anos. Pedro lhe disse: "Enéias, Jesus Cristo te cura! Levanta-te e arruma o teu leito" (Atos 9:34).

Hoje, nos famosos centros de cura, como Lourdes, a Igreja Católica coloca mais ênfase na restauração da fé das pessoas do que no recebimento de milagres de cura. De fato, Bernadette Soubirous, a jovem camponesa que viu a rainha do céu numa gruta em Lourdes, em 1858, tinha pouco interesse pelo aspecto de cura de sua experiência. Estava mais preocupada em fazer com que as pessoas usassem a capela para renovar a sua fé.

Bernadette, de catorze anos, era uma menina quieta e obediente, a mais velha de seis irmãos. Uma noite, ela, sua irmã e outra menina estavam pegando lenha nas margens do Rio Gave. Bernadette tinha ficado para trás. Ao passar por uma pequena caverna, Bernadette ouviu um som singular, como o soprar de uma súbita brisa. Contudo, não havia ondas na água. A menina percebeu que havia uma estranha nuvem branca e dourada diante dela. Dessa nuvem saiu uma mulher jovem e bela, que brilhava com uma luz desconhecida. O cabelo lhe caía nos ombros e ela usava uma túnica branca com um cinto azul em volta da cintura. Bernadette imediatamente se ajoelhou e ainda estava rezando quando as outras duas crianças voltaram.

A expressão de arrebatamento em seu semblante tornou-se evidente para os seus pais logo que as meninas chegaram em casa. Embora Bernadette tivesse pedido segredo às outras duas crianças, a notícia se espalhou rapidamente pela pequena aldeia. Três dias mais tarde Bernadette voltou à margem do rio e a visão se repetiu. Dessa vez, aldeões curiosos a seguiram, mas nada puderam ver. Como era de esperar, eles caçoaram dela a respeito de sua amiga imaginária. Quatro dias depois, em 18 de fevereiro, Bernadette viu a mulher novamente, mas agora esta lhe falou pela primeira vez, dizendo-lhe para voltar ao mesmo lugar todos os dias durante duas semanas. A senhora lhe prometeu grande felicidade no outro mundo.

A multidão crescia a cada dia, enquanto Bernadette voltava à gruta e falava com a aparição que só ela conseguia ver. Então, em 25 de fevereiro, os moradores da aldeia viram Bernadette começar a cavar o chão com as próprias mãos. Uma pequena poça d'água apareceu e ela bebeu da água. A poça se transformou numa fonte.

Durante uma de suas conversas com a senhora, Bernadette perguntou quem ela era. Esta lhe respondeu, "Sou a Imaculada Conceição".[1]

No dia 2 de março, enquanto 1.600 pessoas observavam, a senhora ordenou a Bernadette que construísse uma capela naquele local. O padre da aldeia, Dominique Peyramale não estava convencido. Chamou Bernadette de mentirosa e insistiu para que a aparição dissesse seu nome e também fizesse uma roseira florescer nos próximos dois dias. Vinte mil pessoas vieram ver esse milagre, mas a roseira não deu rosas e a aparição permaneceu em silêncio. Entretanto, um rumor se espalhou pela multidão, segundo o qual, com seu hálito, Bernadette tinha feito uma garota cega voltar a enxergar.

Naquele momento, já era muito tarde para que os responsáveis pela paróquia conseguissem controlar o entusiasmo frenético do povo e, atualmente, cinco milhões de pessoas visitam Lourdes todos os anos. Aproximadamente 65.000 dessas pessoas esperam obter um milagre de cura. Infelizmente, aquelas poucas semanas se revelaram como o ponto alto da vida de Bernadette. Após interrogatórios terríveis por parte de representantes da igreja, a jovem foi mandada para um hospital-escola, tornando-se freira. Ela morreu de tuberculose, asma e outras complicações em 1879, com a idade de trinta e cinco anos. No final de sua vida, Bernadette afirmou de maneira pungente: "Eu servi à Virgem Maria como uma simples vassoura. Quando ela não precisou mais de mim, fui colocada de volta no meu lugar, atrás da porta."[2] A resposta de Bernadette, ao lhe perguntarem sobre os milagres que ocorreram no santuário, foi: "Disseram-me que tem havido milagres, mas... eu nunca os vi."[3]

O Comitê Médico Internacional de Lourdes (CMIL) investiga todas as curas súbitas e não esclarecidas, considerando apenas 65 delas como "cientificamente inexplicáveis". Os membros do comitê preferem não usar a palavra "milagre". Cerca de seis mil casos, nos quais as pessoas afirmaram ter sido milagrosamente curadas, foram rejeitados.[4] Os casos cientificamente inexplicáveis são enviados ao Vaticano, que decide se um milagre ocorreu ou não.

Uma dessas curas inexplicáveis relaciona-se com Pierre de Rudder, um belga que teve a perna quebrada quando uma árvore caiu sobre ele em 1867. Os médicos queriam amputar o membro ferido, mas Pierre recusava-se a aceitar a cirurgia, embora sentisse uma dor agonizante e constante. Finalmente, seu empregador decidiu mandá-lo numa peregrinação a Lourdes. O Dr. Van Hoestenberghe o examinou em janeiro de 1875, poucos dias antes da viagem. Ele escreveu: "Rudder tinha uma ferida aberta na parte de cima da perna. Através dessa ferida, eram visíveis os dois ossos, separados por uma distância de três centímetros. Não havia sinal de cicatrização... A parte inferior da perna podia ser movida em todas as direções. O calcanhar podia ser levantado de maneira a se dobrar a perna ao meio. Podia ser torcido, ficando para a frente, e com os dedos virados para trás; todos esses movimentos eram restringidos apenas pelos tecidos moles."[5]

O santuário estava lotado de pessoas quando Pierre chegou a Lourdes. Por duas vezes tentou andar ao redor do mesmo, mas a forte dor não lhe permitiu circundar o santuário. Ele se sentou e orou. Foi subjugado pela emoção. Depois de vários minutos, levantou-se e caminhou sem hesitação até a estátua de Nossa Senhora de Lourdes, onde se ajoelhou. Subitamente, Pierre percebeu o que tinha feito. Ergueu-se outra vez e andou em volta do santuário. Sua esposa desmaiou ao vê-lo andar.

Quando Pierre voltou para casa, seu filho mais novo, que nunca tinha visto o pai sem muletas, recusou-se a acreditar que era ele. Dois médicos, incluindo o Dr. Van Hoestenberghe, o examinaram e descobriram que ele estava completamente curado. Ambas as pernas estavam com o mesmo comprimento novamente, o osso tinha se regenerado e a ferida, desaparecido.

Pierre andou perfeitamente pelo resto de sua vida. Ele faleceu em 1898. No ano seguinte, o Dr. Van Hoestenberghe exumou o corpo e tirou uma série de fotografias para confirmar o milagre. O relatório dessa autópsia foi publicado na *Revue des Questions Scientifiques*, em outubro de 1899.[6]

Edeltraud Fulda é um outro caso de alguém que conseguiu uma cura milagrosa em Lourdes. Em 1937, aos vinte e um anos de idade, ela fazia uma turnê pela Itália como bailarina profissional, quando desmaiou devido a uma úlcera perfurada. Dois terços do seu estômago tiveram que ser removidos. Poucos meses mais tarde, um abscesso num dos rins foi extraído. No ano seguinte, um rim precisou ser retirado. Nada disso ajudou e, logo depois, foi diagnosticada a doença de Addison. Naquele tempo, a cura para essa enfermidade era a cortina, um extrato retirado das glândulas supra-renais do gado. Edeltraud tinha que tomar o remédio todos os dias. Sem ele, sua saúde deteriorava rapidamente. Contudo, mesmo com a ajuda da cortina ela continuava seriamente doente, ficando confinada a uma cadeira de rodas.

Em 1946, ela decidiu ir a Lourdes. Edeltraud morava em Viena e foram necessários quatro anos de planejamento para que pudesse fazer a viagem. Ela chegou a Lourdes em 12 de agosto de 1950 e, imediatamente, se banhou nas águas frias do santuário. Edeltraud não esperava ser curada até o dia 15 de agosto, Festa da Assunção, mas para seu espanto, a cura foi instantânea. Três dias mais tarde, ela parou de tomar a cortina. Quando chegou em casa, seu médico ficou impressionado ao constatar que ela havia conseguido sobreviver sem tomar o remédio. Depois de fazer novos exames, descobriu que a doença de Addison não estava mais presente em seu organismo. Ainda mais surpreendente para ele foi que o dano causado ao seu trato intestinal durante a primeira cirurgia tinha sido completamente reparado.

Exatamente um ano mais tarde, Edeltraud liderou uma peregrinação de inválidos a Lourdes. Uma delegação de 33 médicos a viu quando ela visitou o departamento médico. Eles a cumprimentaram pela sua cura, mas recusaram-se a lhe dar uma confirmação do milagre por escrito. Isso a desapontou. Entretanto, em 1954, uma comissão médica de Lourdes anunciou que sua cura não podia ser explicada com base na medicina. Finalmente, em março de 1955 o Cardeal Innitzer lhe comunicou que a Igreja Católica tinha reconhecido sua surpreendente recuperação como um milagre. Edeltraud Fulda registrou sua história num livro comovente, chamado *And I Shall Be Healed: The Autobiography of a Woman Miraculously Cured at Lourdes*.[7]

Em 1916, quase sessenta anos depois das experiências de Bernadette em Lourdes, três crianças pequenas de Fátima, naquele tempo uma modesta aldeia no planalto central de Portugal, viram um anjo que lhes disse para rezarem. Lucia dos Santos tinha dez anos de idade. Seus dois primos eram mais novos. Francisco Marto tinha nove anos e sua irmã Jacinta, sete. Esse anjo, que tinha a aparência de um menino de quinze anos, foi visto em três ocasiões diferentes. Vários meses depois, em 13 de maio de 1917, as três crianças pastoreavam ovelhas quando o clarão de um relâmpago fez com que conduzissem as ovelhas colina abaixo. Um segundo relâmpago revelou às duas meninas uma bela mulher parada ao lado de um carvalho. Esta usava um vestido branco, orlado de dourado. A cabeça estava coberta por um véu branco, mas sua face era visível. À volta do pescoço havia um cordão dourado.

Lucia perguntou à mulher de onde ela vinha e a resposta foi "do céu". A aparição disse que queria ver as três crianças no dia 13 de cada mês e que, depois de seis meses, ela lhes diria quem era. Francisco, no início, foi incapaz de ver a mulher, e sugeriu que atirassem uma pedra nela. A mulher disse que as três crianças iriam para o céu, mas que Francisco teria que rezar muitos terços primeiro. Ele começou a orar e pôde ver a mulher. Esta lhes disse para rezarem pelo fim da guerra e depois subiu aos céus, desaparecendo.

As três crianças concordaram em guardar segredo sobre aquele estranho acontecimento, porém Jacinta não conseguiu se calar. Naquela noite contou à mãe o que havia acontecido e, logo, todos na aldeia sabiam. O pároco local, Padre Ferreira, ficou chocado com a notícia, achando que aquilo tivesse sido obra do diabo. A mãe de Lucia não acreditou na história e acusou as crianças de mentirem. Nem mesmo ameaças de castigo fizeram as crianças mudarem seu relato.

Cinqüenta pessoas voltaram ao lugar um mês depois, esperando que a Virgem Mãe reaparecesse. As três crianças se ajoelharam em oração junto ao carvalho e os presentes observaram enquanto Lucia conversava com alguém que eles não podiam ver. Ouviram o barulho de uma explosão quando a aparição partiu, seguido de uma nuvem branca que se deslocou para leste. Algumas pessoas afirmaram que as folhas dos carvalhos apontaram para o leste durante várias horas após a aparição ter se afastado.[8]

A mãe de Lucia lhe deu uma surra por mentir, mas esta insistiu que ela e seus primos tinham visto a mulher outra vez. No dia 13 de julho, aproximadamente cinco mil pessoas ouviram Lucia falar com a aparição. A mulher disse novamente às crianças para rezarem pelo fim da guerra. Lucia lhe pediu um milagre, para provar que eles não estavam mentindo. A aparição lhe prometeu que isso iria ocorrer no dia 13 de outubro. Ela também lhes contou um segredo, que nunca deveria ser revelado.

As autoridades começaram a mostrar interesse pelo que estava acontecendo. No dia 11 de agosto, Arturo d'Oliveira Santos, subprefeito de Ourém, foi a Fátima para entrevistar as crianças. Quando estas negaram que estivessem mentindo, ele as levou à prisão na cidade de Ourém, onde as interrogou separadamente. As crianças não mudaram uma única palavra de sua história, mesmo quando ele as ameaçou, dizendo que cada uma delas seria cozida em óleo e que as outras duas crianças já estavam mortas. Santos tratou as crianças com crueldade, pois pensava que o segredo estivesse relacionado com uma trama para restaurar a monarquia.

Por fim, viu-se obrigado a libertar as crianças, porém manteve-as presas até depois do dia 13 do mês.

A despeito da ausência das crianças, dezoito mil pessoas foram se postar em frente ao carvalho. De acordo com alguns relatos, um trovão provocou um clarão de luz que envolveu a todos com as cores do arco-íris.

As crianças estavam de volta aos campos e cuidavam de suas ovelhas quando a senhora as surpreendeu com uma visita surpresa em 19 de agosto. Ela as alertou para não perderem mais nenhum encontro; como resultado de sua ausência no dia 13, o milagre de outubro não seria tão espetacular quanto teria sido se estivessem presentes.

Arturo d'Oliveira Santos tinha realmente seqüestrado as crianças. Essa notícia, além do que tinha ocorrido anteriormente, fez com que cerca de trinta mil pessoas estivessem presentes no dia 13 de setembro. Todas viram o sol escurecer e as estrelas brilharem quando um círculo brilhante de luz branca desceu sobre a árvore. O círculo desapareceu e uma chuva de pétalas brancas e reluzentes começou a cair do céu. Enquanto isso, a senhora disse às crianças que mais orações eram necessárias e que algo terrível iria acontecer se as pessoas não mudassem seu comportamento. Ela lhes comunicou mais uma vez que um milagre ocorreria no dia 13 de outubro.

Não surpreende o fato, portanto, de setenta mil peregrinos comparecerem ao local no mês seguinte para presenciar o milagre. Ao meio-dia as crianças abriram caminho através da multidão ajoelhada até o carvalho. Finalmente, a mulher contou às crianças que era Nossa Senhora do Rosário. Pediu que uma capela fosse construída ali. Em seguida abriu os braços e raios de uma luz pura irradiaram-se deles. Lucia exclamou: "Olhem para o sol!"

Tinha estado chovendo, porém as nuvens se afastaram, revelando um enorme disco prateado. Era o sol, mas este estava pálido e as pessoas podiam olhar diretamente para ele. O sol começou a rodopiar e a dançar de uma forma estranha, traçando uma espiral de círculos no céu; ao mesmo tempo, sua velocidade aumentava enquanto ele girava. Algumas testemunhas afirmaram que serpentinas de chamas emergiam de suas bordas. Os espectadores olhavam aterrorizados, à medida que o disco ziguezagueava em sua direção. Ele pairou acima deles durante vários minutos, secando as roupas encharcadas dos peregrinos, que choravam, rezavam, exclamavam, desmaiavam e gritavam. Depois de oito minutos voltou ao céu com um movimento em espiral e reassumiu seu papel normal como sol. Nas três horas seguintes, o sol ficou outra vez brilhante demais para que se pudesse olhar para ele.

Os peregrinos partiram, convencidos de que algo extraordinário tinha acontecido. Céticos afirmaram que se tratava de hipnose coletiva, mas isso foi descartado quando se soube que pessoas a uma distância de até 45 quilômetros puderam testemunhar o fenômeno. Uma dessas testemunhas foi Avelino de Almeida, editor de um jornal chamado *O Século*. Ele tinha escrito um artigo no jornal daquela manhã sobre o milagre que estava para se realizar, numa tentativa de atrair a atenção para aquilo que ele acreditava que seria um desconcertante fracasso. Em 17 de outubro, um extenso relato do que ele tinha presenciado foi publicado em seu jornal; nele, o jornalista descrevia os movimentos do sol como uma "dança macabra".[9]

Após esse extraordinário milagre, foram necessários treze anos, exatamente, para que a igreja católica aceitasse as visões das crianças como aparições genuínas da Virgem Maria. O Bispo de Leiria anunciou esse fato em 13 de outubro de 1930. Contudo, a primeira peregrinação nacional a Fátima ocorreu em 1927 e a construção da basílica também foi iniciada nesse mesmo ano. Ela recebeu a consagração em 1953. No dia 13 de maio de 1967 um milhão de pessoas se reuniu em Fátima para assistir à missa que seria rezada pelo Papa Paulo VI e para pedir pela paz mundial. De cada lado da basílica existem hospitais e casas de repouso. Muitas curas miraculosas têm sido relatadas, porém a igreja evita a publicidade em torno delas.

A Virgem Maria tem aparecido em vários lugares, incluindo Medjugorje, na ex-Iuguslávia. Em 24 de junho de 1981, quatro meninas e dois meninos estavam brincando na colina de Podbrdo, perto da aldeia de Medjugorje. Seus nomes eram Ivanka e Vicka Invankovic, Mirjana e Ivan Dragicevic, Marija Pavlovic e Jakov Colo. Suas idades variavam entre dez a dezessete anos. Eles se assustaram ao ver uma súbita e forte luz que envolvia uma bela mulher; esta flutuava um pouco acima do solo. Tinha cabelos escuros, olhos azuis e usava um vestido cinza, além de um manto e véu brancos. Formando um círculo sobre sua cabeça havia doze estrelas douradas. Ela segurava um bebê nos braços. Fez um sinal para que as crianças se aproximassem, mas estas fugiram em pânico. Voltaram no dia seguinte e a senhora apareceu outra vez.

Ivanka lhe perguntou a respeito de sua mãe, que tinha falecido dois meses antes. A mulher a consolou e lhe disse para cuidar de sua avó, que era bastante idosa. A senhora afirmou ser Gospa, a Nossa Senhora croata. Disse que continuaria a aparecer, até que tivesse contado a cada um deles dez segredos sobre o futuro. As pessoas devem orar, arrepender-se e jejuar, explicou.

Assim como em Lourdes e Fátima, a notícia se espalhou rapidamente. As autoridades não ficaram satisfeitas com isso, pois pensaram que poderia se tratar de um complô fascista. Outros acharam que os jovens pudessem estar drogados. Frei Jozo Zovko, frade franciscano da Igreja Católica de São Jaime em Medjugorje, não sabia o que pensar até que um dia, enquanto rezava, ouviu uma voz dizendo-lhe para proteger as crianças. Ele abriu as portas da igreja bem no momento em que os jovens chegavam à igreja e lhe explicavam que a polícia os perseguia para impedi-los de irem à colina. Frei Zovko os convidou a entrar, e quase todas as noites, durante dez anos, Gospa apareceu aos garotos numa pequena sala dentro da igreja.

O regime comunista não aceitava a situação e passou a gravar os sermões de Frei Zovko, pois acreditava que ele, secretamente, era responsável pelas deprimentes profecias. Por fim, ele foi preso, ficando dezoito meses na prisão.

Entretanto, ninguém poderia impedir que Medjugorje se tornasse famosa. Vinte milhões de pessoas fizeram peregrinações à cidade nos dez anos seguintes. As que buscavam a cura arrastavam-se de joelhos até o cume do Monte Krizevac, a colina da cruz. Alega-se que pelo menos trezentas curas foram realizadas ali, incluindo a recuperação bem documentada de uma enfermeira escocesa chamada Heather Duncan, que se arrastou até o alto da montanha com a coluna esmagada. Ela conseguiu descer andando e continua a andar, embora, como ela mesma afirma: "Minhas radiografias mostram que eu não poderia andar."[10]

Naturalmente, além dos centros de cura, existem muitas pessoas, no mundo todo, que têm o dom de curar os outros. Muitas dessas curas podem ser apenas descritas como miraculosas.

Um dos curandeiros mais famosos foi o brasileiro José Pedro de Freitas (1918-1971), mais conhecido como Arigó, o cirurgião psíquico. Ele realizava milhares de diagnósticos e cirurgias em estado de transe. Alegava que o Dr. Adolfo Fritz, um médico alemão que faleceu na Estônia em 1918, lhe dizia o que fazer.

Quando ainda freqüentava a escola, Arigó ocasionalmente experimentava estranhas alucinações, nas quais via uma luz brilhante e ouvia alguém falando numa língua desconhecida. Na época em que estava com cerca de vinte e cinco anos, começou a ter sonhos vívidos, durante os quais um médico falava a um grupo de outros médicos e enfermeiras no idioma estranho que tinha ouvido inicialmente em suas alucinações de adolescente. Mais tarde, o médico disse a Arigó que era o Dr. Adolphus Fritz e que tinha morrido durante a Primeira Guerra Mundial. Como sabia que Arigó era honesto e se preocupava com as pessoas, queria que ele prosseguisse com o trabalho que não conseguira terminar. Depois desses sonhos, Arigó sempre sofria uma severa dor de cabeça.

Em 1950, vários anos depois que esses pesadelos começaram, Arigó foi convidado por Lúcio Bittencourt, durante uma campanha política, para participar de um rali de comícios. Naquela época Bittencourt estava seriamente doente; tinha câncer de pulmão e seus médicos lhe recomendaram que fosse aos Estados Unidos para ser operado. Arigó não sabia disso. Entretanto, uma noite, quando Bittencourt se preparava para dormir, a porta de seu quarto de hotel se abriu e Arigó entrou. Seus olhos pareciam vidrados e ele carregava uma navalha nas mãos. Falando com sotaque alemão, numa voz gutural, disse a Bittencourt que aquilo era uma emergência e ele tinha que operar. Bittencourt perdeu a consciência e não sentiu a cirurgia. Contudo, ao recobrar os sentidos, percebeu que o paletó de seu pijama estava em tiras e manchado de sangue. Ele foi ao quarto de Arigó. Este não se lembrava da cirurgia e negou qualquer conhecimento dela. Bittencourt voltou ao Rio de Janeiro e consultou seu médico. O médico presumiu que Bittencourt tivesse sido operado nos Estados Unidos e lhe disse que o tumor havia sido removido por meio de uma técnica desconhecida para ele. Bittencourt relatou o que tinha acontecido e, logo, os jornais traziam a público a notícia do milagre.

Nos seis anos seguintes Arigó atendeu trezentos pacientes por dia. Porém, em 1956, a Igreja Católica e o meio médico o acusaram de exercer a medicina sem licença, embora ele nunca tivesse cobrado pelo seu trabalho de cura. Arigó foi sentenciado a dezoito meses de prisão, depois reduzidos para oito.

Arigó parou de praticar a cura durante algum tempo; contudo, quando as dores de cabeça recomeçaram, ele retomou seu trabalho. Em 1958, o Presidente Kubitschek lhe concedeu um perdão presidencial. Não obstante, em 1961, com Kubitschek fora da presidência, os oponentes de Arigó começaram a pressionar para que nova ação legal fosse empreendida.

Em 1963, Arigó foi novamente destaque de notícias em todo o país, ao extrair um tumor do braço de um investigador norte-americano, o Dr. Andrija Puharich. Isso não bastou para deter seus oponentes e, em novembro de 1964, ele recebeu uma sentença de dezesseis meses de prisão.

Em 1968, o Dr. Andrija Puharich voltou com um colega e o observou tratar mil pacientes. Sem tocá-los e gastando menos de um minuto com cada paciente, Arigó fazia o diagnóstico e recomendava o tratamento correto a cada um. Mais tarde, o Dr. Puharich disse: "Não encontramos [nenhum] em que Arigó falhasse."[11] Esses foram feitos surpreendentes se lembrarmos que Arigó possuía pouca instrução formal, tendo trabalhado como mineiro. O apelido de "Arigó", que lhe foi dado quando ele era criança, significa "matuto ou caipira". Arigó era incapaz de explicar seu extraordinário talento, mas o atribuía a Jesus e ao Dr. Adolphus Fritz. Infelizmente, Arigó faleceu num acidente de automóvel em 1971, depois de dizer a vários conhecidos que eles não iriam vê-lo novamente. Vinte mil pessoas enlutadas assistiram ao seu funeral.[12]

Arigó precisava ver seus pacientes. Edgar Cayce (1877-1945), não. Desde que tivesse o nome e o endereço do paciente, podia entrar em transe e fazer o diagnóstico, sugerindo o tratamento mais adequado. Isso é conhecido como cura a distância. Edgar Cayce também era capaz de fornecer detalhes das vidas passadas de seus pacientes.

A cura a distância também é normalmente realizada por meio da oração. Um caso bem documentado se refere a Matthew Simpson (1811-1884), um bispo da Igreja Metodista Episcopal. Um grupo de ministros se encontrava numa conferência em Mount Vernon, Ohio, e foi informado que o Bispo Simpson estava à beira da morte num hospital de Pittsburgh. Os clérigos imediatamente oraram pelo bispo, pedindo que sua vida fosse poupada. Um deles era Thomas Bowman, também um bispo da mesma igreja. Ele recordou que depois das primeiras sentenças da oração, sua mente ficou totalmente tranqüila, pois ele sabia que seu irmão bispo seria salvo. Terminada a oração, expressou essa convicção aos outros; trinta deles afirmaram ter experimentado o mesmo sentimento, de que o bispo seria salvo. Vários meses se passaram antes que Thomas Bowman visse o Bispo Simpson, curado e bem-disposto novamente. O Bispo Simpson lhe disse que não sabia o que tinha acontecido; seu médico, entretanto, declarou que se tratava de um milagre. O bispo tinha estado a ponto de morrer, mas, por alguma razão, melhorara de modo surpreendente no momento exato em que os ministros oravam por ele.[13]

Em anos mais recentes, um número significativo de pessoas têm estudado os milagres de cura. Um desses estudiosos foi o falecido Brendan O'Regan, antigo vice-presidente para pesquisa do Instituto de Ciências Noéticas de Sausalito, Califórnia. Ele descobriu que as pessoas que vivenciaram curas súbitas e impressionantes não estavam exigindo ser curadas. Elas tinham uma atitude de aceitação e reconhecimento, a despeito da doença. Também não conseguiam explicar a cura milagrosa, dizendo que esta "tinha apenas ocorrido".[14] Isso parece indicar que aqueles que esperam ansiosamente por um milagre de cura são os menos passíveis de recebê-lo, enquanto outros, que relaxam e "se deixam levar pela correnteza", têm maior probabilidade de ser curados.

A maioria das curas aqui mencionadas envolveu a peregrinação a um centro de cura ou necessitou de uma pessoa especialmente dotada para manifestar as energias curativas. Felizmente, é possível criarmos milagres na nossa própria vida, sem que precisemos fazer uma longa viagem ou procurar uma pessoa especial. Começaremos a analisar o assunto no próximo capítulo.

Três

Os Milagres na Sua Própria Vida

VÁRIOS ANOS ATRÁS, um amigo meu estava dirigindo numa estrada tarde da noite. Ele permanecia na pista do meio e havia carros dos dois lados do seu. Ao fazer uma curva, ele viu um carro vindo na contramão, diretamente na direção de um outro, que se encontrava na pista da esquerda. Como o carro de Gareth estava entre outros dois, tudo o que pôde fazer foi pisar no breque para diminuir a velocidade. Os outros, de ambos os lados, fizeram o mesmo. O automóvel que se aproximava desviou-se bruscamente logo à frente do carro de Gareth, que apenas o tocou, antes de bater no carro que vinha pela pista da direita.

O acidente matou o motorista do carro na contramão. Por causa disso, não foi possível determinar como ele tinha passado para a outra pista, no sentido contrário da estrada. A família que se encontrava no automóvel atingido sofreu ferimentos, mas nenhum dos membros ficou em estado grave. Gareth ficou abalado, mas não ferido. Quando ele me contou sobre esse incidente, disse que era um milagre ele não ter sido ferido ou morto. Porém, o que aconteceu foi um milagre, sorte ou simplesmente acaso? O relato de Gareth sobre o acidente me fez refletir.

"Quando vi o carro vindo em nossa direção, tive tempo de pensar que o motorista devia ser maluco. Senti pena do carro no qual ele iria bater e brequei, esperando que este conseguisse passar para a pista em que eu estava. Não havia tempo para isso, evidentemente. De qualquer modo, quando o carro se desviou na minha frente, não entrei em pânico. Fiquei totalmente calmo. Sabia que iria sobreviver ao acidente que estava prestes a ocorrer. Poder-se-ia quase dizer que eu não me preocupei com os resultados. Quando os pára-lamas dos nossos automóveis se tocaram, fui capaz de me concentrar na direção, evitando bater na lateral dos que estavam nas outras pistas. Eu o ouvi e o vi se chocar contra o outro carro; consegui parar para ver se poderia oferecer alguma ajuda. Permaneci completamente calmo, até o socorro chegar. Só então entrei em estado de choque."

A sensação de desapego experimentada por Gareth, quase como se ele estivesse observando o acidente acontecer a outras pessoas, é um fator comum nessas circunstâncias. Até esse acidente, Gareth não tinha fé, mas logo após o mesmo começou a buscar o lado espiritual de sua natureza. As pessoas que têm fé com freqüência sentem esse desapego quando confrontadas com uma situação difícil, como um acidente. Percebem que estão em mãos divinas e não precisam se preocupar. De certo modo, essas pessoas estão sendo protegidas por um poder maior que elas mesmas e isso parece assegurar sua sobrevivência.

Conseqüentemente, acreditei que o fato de Gareth ter sobrevivido foi mais do que mero acaso. Numa situação difícil, na qual a maioria das pessoas teria entrado em pânico, ele continuou calmo, imperturbável, emocionalmente distante, apenas como um observador. Essa experiência pode não ter constituído um milagre na acepção normal da palavra, mas certamente significou um milagre para Gareth.

Evidentemente, não conseguimos saber de antemão como iríamos agir numa situação semelhante. Entretanto, podemos aprender as qualidades necessárias com antecedência, de modo que se tivermos que enfrentar uma situação potencialmente desastrosa nós possamos agir, com maior probabilidade, de um modo que permita a ocorrência de um milagre pessoal.

As qualidades de que precisamos são: contentamento, serendipidade, intuição, amor universal, fé e disposição para fazer quaisquer mudanças necessárias em nossa atitude diante da vida.

Contentamento

Você deve dar valor àquilo que já tem. Muitas pessoas nunca estão felizes no presente. Passam a maior parte do tempo presas ao passado ou preocupadas com o futuro. Obviamente, é importante fazer planos para o futuro e é agradável reviver momentos do passado. Contudo, o aqui e agora são tudo o que temos. Se você gasta grande parte do seu tempo pensando sobre erros passados ou se preocupando com o futuro, acabará não aproveitando a vida no presente.

Um conhecido meu está sempre planejando ser feliz quando conseguir uma determinada coisa. "Serei feliz quando comprar um carro novo", ele poderia declarar. Ou, "Quando for promovido, serei feliz." Não há necessidade de esperar até que algo aconteça para ser feliz. Viva no presente e seja feliz agora. Muitos anos atrás, Tai Lau, um bom amigo e mentor, me disse: "Se você quiser ser feliz, seja feliz." Seu conselho era ilusoriamente simples, mas extremamente poderoso.

O contentamento não é determinado pela quantidade de dinheiro que você tem, pelo estado de sua saúde ou pelo número de amigos. É um estado mental no qual você aprecia e usufrui o momento presente.

Não há nenhuma garantia de que qualquer um de nós estará aqui amanhã. Hoje é tudo o que temos. Faça o melhor de cada dia. Cultive-se. Reconheça suas boas qualidades e todas as bênçãos que enriquecem sua vida. Alguém me falou certa vez sobre um método útil para ele: sempre que tinha dificuldade para adormecer à noite, repassava, mentalmente, todas as coisas de que conseguisse se lembrar, pelas quais deveria ser grato. Seria difícil continuar descontente se você fizesse disso uma prática diária.

Serendipidade

Os dicionários definem serendipidade como a capacidade de fazer descobertas felizes e inesperadas por acaso. Eu ampliaria ligeiramente essa definição. Se você esperar que descobertas valiosas ocorram, elas ocorrerão. Elas podem parecer acasos felizes, mas, na realidade, irão ocorrer porque você, subconscientemente, criou e emitiu as condições corretas para o seu aparecimento.

Se você viver sua vida com a expectativa de que coisas boas vão lhe acontecer, irá se transformar num imã que atrairá coisas positivas para você. Isso porque nos tornamos aquilo que pensamos. Também recebemos o que esperamos receber. As pessoas que vivem suas vidas dessa maneira, deparam regularmente com acontecimentos serendipidosos. Naturalmente, se você se abrir para a possibilidade de que coisas boas ocorram inesperadamente o tempo todo, também estará se abrindo para a possibilidade de criar milagres na sua própria vida.

O termo "serendipidade" foi cunhado pelo autor britânico Horace Walpole (1717-1797). Ele escreveu um conto de fadas chamado *The Three Princes of Serendip*, sobre três meninos que constantemente faziam descobertas por um feliz acidente.

Intuição

Todos nós possuímos uma voz interior, sutil e silenciosa, que guia, adverte e aconselha. Algumas vezes ela é conhecida como pressentimento ou "instinto". Muitas pessoas a ignoram. Não a ouvem ou acreditam que suas dificuldades somente podem ser superadas por meio do pensamento. Outros reconhecem sua sabedoria uma parte do tempo. São aqueles que dizem: "Eu sabia que não deveria ter feito aquilo." Espera-se que, com o tempo, eles aprendam a prestar atenção à voz do silêncio interior com maior freqüência e desenvolvam sua intuição. Evidentemente, pessoas intuitivas ficam atentas a ela o tempo todo. Na minha própria vida, sei que muitos dos erros que cometi não teriam ocorrido se eu tivesse agido de acordo com a minha intuição e não com a lógica.

Amor Universal

O amor universal é um amor imparcial por toda a humanidade. É o amor que brota do coração e da alma e não espera qualquer reciprocidade. Contudo, suas recompensas são incríveis. Ele permite que se veja o bem em todos e se reconheça Deus em cada pessoa que se encontra. Quando você vive sua vida com um sentido de amor, empatia e interesse por todas as criaturas viventes, fica aberto a numerosas bênçãos. Por exemplo, todas as pessoas que encontra perceberão seu amor e irão reagir enviando amor de volta para você. Isso afetará todas as áreas da sua vida. Quanto mais amor irradiar, mais ele retornará para você.

Fé

A fé se refere à sua ligação com a energia divina. Quanto mais próximo você estiver dessa fonte, mais poder pessoal possuirá. Cada vez que fizer alguma coisa contrária à sua moral pessoal ou aos seus padrões éticos essa ligação será enfraquecida.

A palavra "fé" tem uma conotação religiosa, porém não é necessário pertencer a nenhuma religião para se ter fé. Ela pode ser a crença em algo, como padrões éticos ou um código de conduta. Se você acreditar que o bem irá sempre prevalecer, por exemplo, verá isso se manifestar na sua própria vida, pois sua fé terá atraído o bem para você. Do mesmo modo, se acreditar que os milagres podem ocorrer, experimentará a manifestação de milagres na sua própria vida.

Disposição para Mudar

P. D. Ouspensky (1878-1947), filósofo e místico russo, escreveu um romance forte mas pouco conhecido, chamado *Strange Life of Ivan Osokin*.[1] Ivan era um jovem que se encontrava à beira do suicídio. Tinha falhado em todos os seus empreendimentos e acabara de ser rejeitado pela mulher que amava. Consultou um homem sábio, versado em magia, para reclamar da aridez de sua vida. Ivan afirmou que se pudesse viver sua vida novamente, tudo seria diferente. Em vez de lhe oferecer solidariedade, o mago discordou e disse a Ivan que ele iria repetir os mesmos erros uma segunda vez. Este ficou aborrecido, não acreditando no que o mago dizia. Perguntou-lhe se poderia ter a chance de reviver pelo menos parte de sua vida. O mago fez Ivan voltar doze anos no tempo e o rapaz ficou atônito ao se descobrir revivendo exatamente as mesmas experiências, da mesma maneira deprimente de antes. A despeito de tudo que tentava fazer, era incapaz de mudar a direção da sua vida. Ivan procurou o mago outra vez para lhe perguntar como aquilo podia ser possível. O mago lhe explicou que, para que sua vida fosse diferente, ele teria que ser diferente. Sua vida interior teria que mudar como um todo, e isso iria exigir muito trabalho e esforço. Contudo, uma vez que conseguisse fazê-lo, deixaria de ser um fracassado e obteria o sucesso que almejava.

Você pode mudar sua vida se quiser. O primeiro passo no caminho da autotransformação é o desejo de se tornar uma pessoa diferente. Depois, você terá de se analisar honestamente, procurar ajuda, se necessário, e ser persistente. Isso leva tempo e requer atenção, disciplina e bastante trabalho.

Você consegue perceber como se manteria calmo, com um sentimento de desapego e de aceitação numa situação difícil, tal como um acidente, uma vez que tivesse desenvolvido essas características? Ao aperfeiçoar conscientemente essas qualidades, você se torna aberto à possibilidade de experimentar milagres na sua própria vida.

Sempre que faço uma palestra sobre o tema dos milagres, posso quase garantir que alguém irá me perguntar sobre o elemento sorte, e se podemos vivenciar um milagre devido à sua intervenção. Respondo que a sorte pode desempenhar um papel em todas as coisas, incluindo os milagres, e que, ao aprimorarmos as cinco qualidades discutidas neste capítulo, estaremos incentivando a sorte a estar do nosso lado. A sorte pode ser definida como uma força ou uma combinação de circunstâncias que entra em ação para o bem ou para o mal na vida de alguém. A boa sorte supostamente ocorre como resultado do acaso, porém creio que há muito mais em jogo do que isso. Se nós deliberadamente promovermos as qualidades que desejamos, teremos maior probabilidade de obter os resultados que queremos (boa sorte), sendo menos provável que experimentemos a má sorte. Não podemos descartar inteiramente o conceito de sorte, mas, certamente, temos o poder de colocar o acaso a nosso favor.

Winston Churchill aplicou o conceito com extrema eficácia no correr de toda a sua vida. Isso lhe permitiu, por exemplo, encontrar miraculosamente um ilusionista para entreter as tropas durante a Guerra dos Bôeres. Winston Churchill estava trabalhando como correspondente de guerra naquela época e explorou com sucesso esse feito, transformando-o num furo para o seu jornal. Parece que, com isso, ele conseguiu dois milagres, mas, na realidade, Churchill simplesmente tinha posto em ação suas habilidades de toda uma vida, de observação, interesse e entusiasmo. Não era sem razão que as pessoas se referiam a ele como "aquele demônio de sorte, Churchill".

Nesse exemplo, Winston Churchill e vários outros correspondentes passaram a cavalo por uma fila de prisioneiros bôeres e viram um deles atar com destreza uma faixa com a mão direita no seu braço esquerdo. Os outros correspondentes continuaram, mas a curiosidade de Churchill fora despertada. Ele desmontou e se dirigiu ao prisioneiro que, inesperadamente, falava bem inglês. Este contou a Churchill que era alemão e que normalmente ganhava a vida em casas noturnas, usando a habilidade das mãos.

Um ou dois dias mais tarde, Churchill ouviu o comandante britânico comentar sobre o moral baixo e o tédio que haviam se abatido sobre seus homens. Churchill imediatamente sugeriu que um espetáculo, realizado por um prestidigitador profissional, iria motivar e entreter os soldados. Para espanto de todos, ele foi capaz de encontrar o artista, o qual teve uma atuação excelente. Para demonstrar sua gratidão o general deu a Churchill uma informação anteriormente desconhecida, e isso permitiu a ele conseguir mais um furo jornalístico.[2]

O crescimento surpreendentemente rápido do eBay constitui outro aparente milagre. Trata-se, entretanto, de mais um exemplo de alguém que estava mentalmente preparado para aceitar uma oportunidade quando esta se apresentou. Pierre Omidyar, um estudante de tecnologia nascido na França, tinha comprado um indicador a *laser* para entreter seu gato. O animal gostava de perseguir o raio vermelho pela sala de estar. Infelizmente, depois de alguns dias, o indicador quebrou. Em vez de devolvê-lo à loja onde o tinha comprado, Pierre achou que seria divertido ver se conseguiria vendê-lo no Auctionweb, um site que ele havia criado na Internet em 1995. Ele o anunciou como "um indicador a *laser* quebrado" e ficou surpreso quando alguém o comprou por catorze dólares. Intrigado, Pierre enviou uma mensagem ao comprador para descobrir por que ele havia comprado o indicador. O homem respondeu que gostava de consertar coisas.

Esse era todo o encorajamento de que Pierre precisava. A Auctionweb logo se transformou no eBay e agora vende virtualmente tudo o que se possa imaginar. Ele tem o maior lote de carros dos Estados Unidos, vendendo um veículo utilitário esportivo a cada trinta segundos. Um jogo de computador é vendido a cada oito segundos. Mais de 150.000 internautas tornaram-se vendedores em tempo integral no eBay, alguns vendendo mercadorias no valor de 150.000 dólares todos os meses. O fato de Pierre ter estado atento às oportunidades, sua disposição para trabalhar com empenho e sua habilidade de administrador aproveitaram o indicador a *laser* quebrado e criaram um dos negócios mais rendosos da Internet. Pierre é hoje multibilionário, um milagre segundo quaisquer padrões.[3]

Winston Churchill e Pierre Omidyar estavam ambos atentos às oportunidades e puderam reconhecê-las quando estas ocorreram. Essas são qualidades que qualquer pessoa possui. A diferença é que eles souberam aproveitá-las, pondo-as para trabalhar a seu favor. Somente você pode decidir se vai agarrar a oportunidade correta quando ela cruzar seu caminho. Se o fizer, será capaz de criar aparentes milagres. Aí, as pessoas começarão a dizer: "aquele demônio de sorte, (seu nome)."

Agora que você já conhece as qualidades que lhe são necessárias, e que precisa adquirir, podemos analisar os métodos dos antigos kahunas do Havaí. Eles possuíam várias técnicas especializadas, que usavam para realizar milagres. Seus princípios são tão eficazes atualmente quanto no passado e, claramente, expressam algumas das qualidades essenciais, imprescindíveis para que os milagres ocorram.

Quatro

Milagres e os Hunas

Muito antes de o capitão James Cook ter descoberto as Ilhas do Havaí em 1778, os habitantes locais já tinham um sistema religioso bem desenvolvido, chamado *Huna*. A palavra Huna significa "secreto" no idioma dos havaianos. Os líderes dessa religião eram Kahunas ("guardiões do segredo"). Os Kahunas eram sacerdotes, curandeiros, profetas, conselheiros e especialistas em todos os aspectos da vida nas ilhas.

Huna é ciência, filosofia e religião. É uma ciência porque envolve o mundo físico, e suas técnicas podem ser reproduzidas. Constitui ainda uma filosofia de vida, com forte ênfase na moral e no comportamento ético. É religião porque encoraja as pessoas a crescerem espiritualmente e a encontrarem Deus dentro de si mesmas. Muitos também vêem nela um componente mágico, uma vez que lida com forças invisíveis e produz resultados surpreendentes.

Esse modo de vida idílico mudou para sempre 35 anos após a visita do Capitão Cook, quando missionários cristãos chegaram às ilhas. Estes consideravam os habitantes locais meros selvagens ignorantes, que precisavam ser convertidos ao cristianismo. Para sermos justos, os missionários não falavam a língua dos nativos e provavelmente não tinham consciência de huna. Os havaianos, dizimados pelas doenças dos ocidentais, e acreditando que os missionários fossem seus benfeitores, gradualmente perderam contato com sua antiga religião.

Felizmente, o Dr. William Tufts Brigham, curador do Museu Bishop de Honolulu, começou a estudar e a pesquisar os hunas no final do século XIX. Ele presenciou pessoas andando sobre brasas e os métodos de cura dos kahunas. Testemunhou até mesmo um milagre, quando um jovem que tinha se afogado dezesseis horas antes foi ressuscitado, por meio da magia dos hunas.[1]

Max Freedom Long (1890-1971) contribuiu mais do que qualquer outra pessoa para a promoção do interesse pelos hunas. Em 1917, depois de terminar a faculdade na Califórnia, aceitou o cargo de professor numa minúscula escola dentro de uma fazenda de cana-de-açúcar no Havaí. Ele tinha tempo livre suficiente para explorar os arredores, meditar, estudar e conversar com os nativos. Ouviu muitas histórias envolvendo os kahunas, relatos de pessoas que andavam sobre o fogo e de curas milagrosas, mas descobriu que todas as vezes que tentava conseguir mais informações, seus interlocutores se calavam. Max Freedom Long era um estranho e, por isso, o povo local não confiava nele. Em 1919 ele procurou o Dr. Brigham para saber até que ponto chegara a pesquisa científica a respeito do assunto. Os dois homens tornaram-se amigos e Max Freedom Long obteve acesso a todas as informações armazenadas no Museu Bishop.

O Dr. Brigham tinha passado quarenta anos estudando o tema e ficou extremamente satisfeito em encontrar alguém que iria dar prosseguimento às suas pesquisas. Ele ressaltou que deveria haver três fatores envolvidos nos hunas. Primeiro, tinha que haver alguma forma de consciência que comandava a magia. Segundo, uma força qualquer tinha que ser usada pela fazê-la funcionar e, terceiro, precisava haver uma substância de algum tipo, visível ou invisível, na qual essa força pudesse agir. A descoberta de qualquer um desses fatores, o Dr. Brigham explicou a Max, iria conduzir à descoberta dos outros.[2]

Max Freedom Long estudou com o Dr. Brigham até a morte deste em 1926. Long deu continuidade às pesquisas, mas cinco anos depois, em 1931, admitiu contrariado a derrota. Voltou para a Califórnia, onde encontrou trabalho como gerente de uma loja de máquinas fotográficas. Contudo, sua busca continuava no seu subconsciente.

Uma noite, em 1935, Max acordou subitamente, convencido de que os kahunas deveriam ter tido nomes para os vários elementos ligados aos hunas. Sem nomes definidos, teria sido impossível para eles transmitir seus conhecimentos de geração em geração. Com grande entusiasmo, Max começou a estudar os cânticos e as orações dos hunas, numa tentativa de descobrir aquilo que havia escapado a ele durante todos aqueles anos.

No final do ano, Max tinha conseguido descobrir dois dos três elementos desconhecidos. Entretanto, ele precisou de mais seis anos de trabalho árduo para poder identificar o último. A consciência era chamada de *aumakua* (Eu Superior), a força necessária recebia o nome de *mana* (força vital, ch'i, prana, energia) e a substância invisível na qual e por meio da qual a força atuava era *aka* (substância etérea, ou sombra de uma pessoa).

Foi bastante difícil descobrir tudo isso. Divulgar esse conhecimento para o mundo também significou transpor muitos obstáculos. O primeiro livro de Max Freedom Long sobre o assunto, *Recovering the Ancient Magic* tinha sido impresso e esperava para ser encadernado quando as dependências da gráfica foram destruídas por uma bomba durante a *blitz* alemã em Londres, na Segunda Guerra Mundial. Felizmente, ele teve mais sucesso com seus livros posteriores, todos ainda hoje editados.

Os kahunas tinham, de fato, criado um sistema psicológico perfeito. Acreditavam que todas as pessoas consistem de três eus diferentes, a que Max Freedom Long, por conveniência, deu o nome de Eu Inferior, Eu Médio e Eu Superior. Os kahunas os chamavam de *unihipili, uhane* e *aumakua*. Cada um desses eus possuía um corpo invisível, composto de uma substância etérea, muito mais sutil que a matéria física. Os kahunas os conheciam como *kino-aka*. Esses três corpos estão totalmente interligados entre si e se conectam ao corpo físico, ao qual servem. Eles podem ser visualizados como as bonecas russas de tamanhos diferentes, colocadas uma dentro da outra, com o Eu Superior sendo a boneca mais externa e que contém a de tamanho médio, o Eu Médio; este, por sua vez carrega dentro dele o Eu Inferior, ligeiramente menor. Contudo, ao contrário das bonecas, cada corpo kino-aka está inteiramente ligado aos outros. Na prática, o eu médio e o eu inferior permanecem intimamente identificados com o corpo físico a maior parte do tempo, enquanto o Eu Superior paira, no seu corpo tênue, acima do corpo físico.

Mana

Os três eus precisam de alimento, o que os capacitará a atuar adequadamente. O Eu Inferior usa mana; este, em sua forma mais básica, é o ar. Sem ar estaríamos mortos em poucos minutos. Conseqüentemente, costuma-se dizer que o ar é a força vital do universo, energia vital ou alimento da vida. O Eu Médio necessita de mana-mana, que é criado a partir do mana e fornecido pelo Eu Inferior. Trata-se de uma forma de energia mais forte e mais vital. O Eu Superior utiliza o mana-loa, que constitui a forma mais elevada de energia. É o mana-loa que pode realizar milagres, tais como as curas instantâneas.

Os kahunas reconheciam que, como o ar era a essência da vida, oferendas de mana (ar) ao Eu Superior (natureza divina) eram uma dádiva valiosa, semelhante, de muitas maneiras, a um sacrifício ritual. O mana é inspirado pelo Eu Médio, transformado pelo Eu Inferior, e depois enviado ao Eu Superior, onde pode ser usado para realizar milagres.

O Eu Inferior (Unihipili)

O Eu Inferior corresponde à nossa mente subconsciente e está simbolicamente localizado no plexo solar. Ele é mencionado como sendo o Eu Inferior apenas devido à sua localização simbólica no corpo. A importância dele é tão grande quanto a dos outros eus. Todos os sentimentos e emoções são armazenados no Eu Inferior. Este é também o local onde todas as lembranças são conservadas. Qualquer sentimento que você tiver experimentado é acumulado no seu Eu Inferior.

O Eu Médio (Uhane)

O Eu Médio está localizado do lado esquerdo da cabeça e corresponde à nossa mente consciente. Todos os nossos pensamentos conscientes são enviados ao Eu Inferior, que os processa. Em outras palavras, o pensamento é gerado no Eu Médio, enquanto o sentimento ocorre no Eu Inferior.

O Eu Superior (Aumakua)

O Eu Superior situa-se aproximadamente um metro e meio acima da nossa cabeça e corresponde à nossa mente superconsciente. Ele é o nosso ser espiritual. Está ligado ao lado direito da nossa cabeça por um cordão dourado. Podemos interpretá-lo como sendo nosso anjo da guarda, deus dentro de nós, ou como parte da força vital universal, presente em todas as coisas vivas. Os kahunas davam-lhe o nome de "Grande Pai-Mãe", uma vez que podia ser visualizado como mãe ou pai espiritual.

Quando rezavam, os kahunas dirigiam suas preces ao seu eu mais elevado e não a um Deus único e supremo. Isso significa, evidentemente, que suas orações eram dedicadas a uma parte mais elevada deles mesmos, a qual já possuía características de um deus. Cada Eu Superior está em contato com todos os outros Eus Superiores, demonstrando a interconexão entre todos os seres viventes. A Grande Poe Aumakua significa "a família de eus superiores". Ao usarmos os métodos dos kahunas, colocamos em ação um nível de nós mesmos que já é divino. Como deuses, podemos conseguir qualquer coisa, mesmo milagres.

Aka

Os três corpos são constituídos de uma substância etérea conhecida como aka. Essa substância é aderente. Ela fica ligada a tudo que toca, criando uma rede de tênues fios que a prendem a cada coisa que viu ou tocou. A comunicação se realiza ao longo desses fios, permitindo-nos enviar pensamentos ou energia aos outros. O corpo mais denso é o do Eu Inferior, e as pessoas que têm a capacidade de ver auras estão, na verdade, vendo esse corpo como o corpo etérico.

O Cordão Aka

Os três eus também estão ligados entre si por um cordão formado por essa substância etérea, conhecido como o cordão aka. Isso permite ao mana ser transformado e enviado, a partir do Eu Inferior, aos outros eus.

Os três corpos são partes integrais do seu ser. Para você ser feliz, estar contente com a sua vida, ser bem-sucedido e saudável, os três eus têm que estar em equilíbrio. Um bloqueio entre dois aspectos do eu cria desconforto ou doença. Esse bloqueio impede a livre circulação da energia mana, criando obstáculos ao desenvolvimento do potencial máximo de uma pessoa. As emoções são a causa mais provável de quaisquer bloqueios. Pensamentos negativos, sentimentos de inferioridade, culpa, ganância, inveja e ódio afetam a capacidade de progredir durante sua vida. Felizmente, é possível usar as técnicas kahuna para eliminar toda a negatividade e viver plenamente. Isso pode parecer um milagre, mas como se verá a seguir, sua realização não é tão difícil.

O Ritual Kahuna

O ritual kahuna, algumas vezes conhecido como *Rito Ha*, envolve a utilização do seu Eu Médio para decidir exatamente o que você deseja. Uma vez que saiba exatamente o que quer, seu desejo é mesclado com uma quantidade suficiente de mana e enviado ao Eu Inferior, que transforma esse mana e o encaminha para o Eu Superior, onde o desejo será trabalhado. Não há necessidade de você se preocupar com o modo pelo qual o Eu Superior irá atender às suas necessidades. Talvez isso não ocorra exatamente como você esperava, mas irá ocorrer. Fé e repetição são essenciais.

Seu desejo deve ser tão específico quanto possível. Não peça uma soma específica de dinheiro, por exemplo, a menos que necessite dessa soma para uma determinada finalidade. Dinheiro é uma parte essencial da vida, evidentemente, embora ele tenha somente valor de troca. Pense sobre o que quer comprar com o dinheiro e peça isso. Você poderá precisar de dinheiro para dar entrada numa casa. Poderá querer dinheiro extra para pequenos gastos com você mesmo. Poderá precisar de dinheiro para ajudar um amigo em dificuldades. Não importa o que vai fazer com ele, porém seu objetivo tem que estar completamente claro em sua mente.

Se estiver buscando um companheiro, pense nas qualidades que gostaria que essa pessoa possuísse. Se estiver procurando um emprego melhor, pense no que gostaria de estar fazendo. Se quiser tirar férias, imagine o lugar que deseja visitar e também considere o tipo de acomodação que o satisfaria, além de todas as outras coisas que lhe assegurariam aproveitar um período memorável de férias.

Uma vez que tenha o desejo claro em sua mente, estará pronto para começar. Organize-se de modo a não ser perturbado e não diga a ninguém o que está fazendo. Você poderá executar o rito em qualquer lugar, a qualquer momento. Entretanto, talvez tenha um local favorito, que usará para realizá-lo. Poderá haver uma dependência ou uma área específica em sua casa para ser usada com esse propósito. Um local sagrado em sua casa, no qual normalmente realiza trabalhos espirituais ou mágicos, seria perfeito para os rituais kahunas. Se desejar, decore o ambiente com velas, flores, incenso ou qualquer outra coisa que lhe pareça adequada. Certamente você irá preferir um lugar que seja acolhedor, convidativo e sagrado.

Oito Passos para um Milagre

1. Sente-se numa cadeira confortável durante alguns minutos e relaxe. Pense sobre o seu desejo. Imagine que ele já se realizou e em como sua vida melhorou agora que seu pedido foi atendido. Respire profundamente algumas vezes e permita que seus músculos relaxem enquanto expira.

2. Quando se sentir completamente relaxado, levante-se e fique em pé com os pés separados, a cerca de cinqüenta centímetros um do outro. Se possível, faça isso em frente a uma janela aberta para assegurar-se de que o mana que inspirar seja o melhor que puder conseguir. Concentre-se na sua respiração e lembre-se de que cada inspiração está carregada de energia vital. Esse é o mana necessário para alimentar seus três eus.

3. Quando se sentir preparado, respire devagar e profundamente quatro vezes. Inspire a maior quantidade de ar possível, mantendo-o preso durante alguns segundos antes de expirar, também lentamente. Ao fazê-lo, pense que está inspirando uma grande quantidade de mana benéfico, que se constituirá numa oferenda generosa ao seu Eu Superior. Mentalmente, veja o mana permeando seu corpo inteiro e saindo pelo alto de sua cabeça, como se você fosse um recipiente cheio de água. A água é um símbolo de energia e vida para os kahunas. Você acabou de enviar o mana ao seu Eu Inferior. A parte seguinte do exercício é fazê-lo subir para o seu Eu Superior. (Repita esse estágio se sentir que ainda não está pleno de mana.)

4. Visualize um círculo de luz branca e radiante na região do seu plexo solar. Depois, imagine essa luz branca disparando subitamente, como um foguete, para cima através de seu peito, pescoço e cabeça, até o seu Eu Superior. Veja-a como um grande círculo de energia vibrante acima de sua cabeça. Esse é a sua oferenda de mana, que foi transformado em mana-loa pelo seu Eu Inferior e é agora dedicado ao seu Eu Superior.

5. Observe o círculo de energia e veja seu desejo claramente impresso nele. Visualize isso da maneira mais detalhada que puder. Este

estágio é a parte mais importante de todo o ritual. É fundamental que você saiba exatamente o que quer e possa imaginá-lo claramente dentro do círculo de energia acima de sua cabeça. Visualize-o vividamente e com tantos pormenores quantos lhe for possível conseguir. Se a sua intenção for ter um carro novo, por exemplo, imagine o modelo, a cor e todas as outras características distintivas do veículo específico que deseja. Mantenha a imagem em sua mente pelo tempo que conseguir. Acredite com todas as fibras do seu ser que já possui aquilo que está pedindo.

6. Diga em voz alta, com toda a força e energia que puder reunir: "Eu desejo (qualquer que seja o seu desejo). Este pedido não irá prejudicar ninguém. Estou atraindo aquilo que peço para mim AGORA!" Repita o pedido três vezes, usando sempre as mesmas palavras.

7. Espere alguns segundos e depois diga mentalmente: "Obrigado Grande Pai (ou Grande Mãe, Grandes Pais, Consciência Universal ou Deus) por todas as bênçãos em minha vida. Agradeço por tudo o que você faz por mim. Obrigado."

8. Sente-se e relaxe durante alguns minutos antes de prosseguir com sua rotina diária. Não há necessidade de pensar mais sobre o seu pedido. Você o transmitiu ao seu Eu Superior e este cuidará do assunto para você.

Quando tiver terminado esse ritual, irá se sentir cheio de energia e alegria de viver. Algumas pessoas já me disseram que experimentam a sensação de uma embriaguez natural. É importante você sentir essa energia e vibração após o exercício, pois elas significam que seu pedido foi enviado e recebido com sucesso.

Naturalmente, você ficará impaciente e esperará resultados rápidos. Estes, às vezes, ocorrem. As curas milagrosas são, com freqüência, instantâneas. Contudo, os resultados da maioria dos pedidos levam algum tempo para se manifestar. Lembre-se que seu Eu Superior por alguma razão não faz com que seu pedido caia do céu. Entretanto, ele irá influenciar as forças universais para que estas encontrem uma maneira de atender ao seu pedido. Você deverá estar atento para que a oportunidade correta se apresente. Uma vez que a encontre, provavelmente terá que se esforçar para atingir seu intento.

Repita o ritual pelo menos uma vez por dia ou, de preferência, duas vezes por dia até que seu pedido seja atendido. Lembre-se, seu Eu Superior quer cooperar com você, quer servi-lo. Ele é seu parceiro, seu anjo da guarda. Seu Eu Superior tem poder para ajudá-lo a desenvolver seu potencial mais elevado. Com seu Eu Superior a seu favor, o sucesso está garantido. Confie no seu Eu Superior, mesmo que demore até seu pedido ser atendido, e você obterá os resultados que deseja.

A Experiência de Jennifer

Conheci Jennifer durante um congresso de hipnoterapia do qual participei alguns anos atrás. Enquanto fazia uma apresentação sobre pêndulos, desenvolvi o tema do ritual kahuna e sugeri a todos os presentes que realizassem esse ritual com o objetivo de ser mais bem-sucedidos em suas práticas. Jennifer me procurou depois do ritual. Ela tinha 27 anos e estudava hipnoterapia porque gostava do assunto. Não tinha intenção de praticá-la profissionalmente. Ela trabalhava como representante de vendas numa gráfica e queria saber se poderia utilizar o ritual para progredir em sua carreira e se tornar gerente de vendas. Eu lhe dei algumas sugestões e, logo em seguida, esqueci nossa conversa.

Dois meses depois, recebi um telefonema de Jennifer. Durante esse período ela havia realizado o ritual todos os dias. Várias semanas tinham se passado sem nenhuma mudança, e ela começava a duvidar que alguma coisa iria acontecer. Então, estranhamente, sem motivo aparente, ela recebeu duas ofertas no mesmo dia. Ambas as empresas queriam contratá-la como gerente de vendas. Nenhum dos dois cargos tinha sido anunciado. De algum modo, o universo havia mandado duas excelentes oportunidades para ela.

"Qual deles você aceitou?", eu perguntei.

"Fiquei tão confusa que não sabia o que fazer", Jennifer respondeu. "Então me lembrei de sua palestra sobre os pêndulos. Amarrei minha aliança num fio de algodão e pedi a ela que me dissesse qual dos dois cargos eu deveria escolher. O pêndulo me orientou para o emprego em que vou ganhar um salário inicial um pouco menor, mas na companhia que oferece a oportunidade de crescer; a longo prazo, portanto, o trabalho parece muito promissor. Começo na segunda-feira!"

A experiência de Jennifer é interessante, uma vez que seu Eu Superior lhe apresentou duas oportunidades. Ela achou que aquilo era um verdadeiro milagre, pois não tinha se candidatado a nenhum dos dois cargos e, contudo, ambos lhe tinham sido oferecidos como resultado da prática do ritual huna.

Os Kahunas e a Saúde

Os kahunas acreditam que os problemas de saúde são causados pela falta de harmonia com o Eu Superior. Uma saúde vibrante ocorre somente quando os três eus estão em equilíbrio e colaboram harmoniosamente entre si. Muitos problemas de saúde estão relacionados com pensamentos negativos. Quando o Eu Médio transmite pensamentos negativos repetidamente ao Eu Inferior, enchendo-o de ira, ódio e amargura, isso pode resultar em problemas de saúde. Toda essa negatividade bloqueia a conexão aka entre o Eu Inferior e o Eu Superior, criando um desequilíbrio, que se traduz em doenças. Problemas no corpo físico com freqüência têm causas emocionais. A incapacidade de expressar nossas necessidades emocionais, por exemplo, poderá levar a problemas na garganta. Da mesma maneira, a falha em estabelecer relacionamentos amorosos íntimos pode gerar problemas no coração.

O Eu Inferior sente em vez de pensar. Conseqüentemente, ele aceita sem discutir tudo o que lhe é oferecido. Não é culpa do Eu Inferior que você fique indisposto. Ele simplesmente está fazendo o que foi programado para fazer e o remédio é alimentá-lo constantemente com pensamentos positivos e emoções positivas.

Você tem entre cinqüenta e sessenta mil pensamentos por dia. Se for como a maioria das pessoas, raramente terá domínio sobre eles, o que significa que não saberá quantos desses pensamentos são positivos e quantos são negativos. De agora em diante, decida controlar seus pensamentos. Todas as vezes que se descobrir tendo um pensamento negativo, e cada um de nós os tem, simplesmente transforme-o num pensamento positivo. Não há necessidade de se culpar quando perceber que está pensando negativamente. Desista desses pensamentos e se concentre em algo positivo. Trata-se de uma batalha constante, mas as recompensas são extraordinárias.

Sentimentos de mágoa e de culpa também podem causar problemas de saúde. A lei básica do huna é não ferir ninguém. Se você deliberadamente magoar uma pessoa, provavelmente terá sentimentos de culpa. Porém, não deve se sentir culpado se ofender alguém acidentalmente. Por outro lado, deverá sempre fazer o possível para reparar seu erro, independentemente de a ofensa ter sido deliberada ou acidental.

Você também deveria se esforçar para evitar ser ferido por outras pessoas. Se alguém magoá-lo de alguma maneira, diga à pessoa o que ela fez. Expresse seus sentimentos. É melhor lidar com a situação imediatamente, do que deixá-la crescer em seu íntimo e envenenar sua mente.

Existe uma experiência simples que você pode fazer e que lhe permitirá observar quanta bagagem indesejada carrega consigo. Ela é chamada de Trabalho com os Três Eus.

Ritual do Trabalho com os Três Eus

1. Sente-se numa cadeira confortável e respire profundamente algumas vezes. Conscientemente relaxe todos os músculos do seu corpo. Eu normalmente faço isso relaxando primeiro os músculos dos dedos do meu pé esquerdo. Deixo que o relaxamento passe lentamente dos dedos para o pé, até que este fique totalmente relaxado. Depois faço o mesmo com o meu pé direito. Quando ambos os pés estão completamente relaxados, deixo que o relaxamento suba por ambas as pernas, até que a barriga das pernas, os joelhos e as coxas estejam totalmente soltos. Depois, relaxo o meu estômago, subindo para o peito. A seguir, relaxo os músculos dos ombros, concentrando-me no meu braço esquerdo e soltando-o completamente, antes de passar para o meu braço direito. Então, relaxo os músculos do pescoço, antes de permitir que o relaxamento se estenda pela minha face até o alto da cabeça. Por fim, percorro todo o meu corpo mentalmente, para verificar se cada parte dele está tão relaxada quanto possível. Ao terminar e se sentir completamente relaxado, você poderá começar a se comunicar com seus três eus.

2. Concentre-se no plexo solar e comece a pensar no seu Eu Inferior. Reflita sobre o maravilhoso trabalho que ele faz e, silenciosamente, lhe agradeça. Seja grato por sua capacidade de se lembrar de

tudo, pela sua sabedoria e habilidade em atender às exigências do seu Eu Médio. Agradeça-lhe também pela sua capacidade de armazenar e lidar com as emoções. Todos nós gostamos que nos agradeçam uma vez ou outra, e os nossos três eus não constituem exceção. Entretanto, a gratidão tem que ser genuína. Não há sentido em ser eloqüente, usando palavras que nada significam para você, pois cada um de seus três eus irá reconhecer instantaneamente qualquer falta de sinceridade.

3. Peça ao seu Eu Inferior para lhe revelar a bagagem indesejada que tem carregado consigo. Você poderá receber uma clara imagem dela na sua mente. Poderá ter uma sensação física no seu plexo solar. Poderá experimentar um sentido de saber qual é essa bagagem.

4. Peça que o Eu Inferior lhe transmita uma idéia de como sua vida seria sem esses sentimentos e emoções indesejadas. Mais uma vez, você poderá experimentar isso de maneiras diferentes. Talvez sinta leveza, uma sensação de calor no seu estômago ou uma intensa alegria.

5. Agradeça ao Eu Inferior por lhe revelar essa bagagem. Expresse seu amor pelo seu Eu Inferior.

6. Dirija sua atenção para o Eu Médio do lado esquerdo da cabeça. Agradeça ao Eu Médio por ele trabalhar incansavelmente em seu benefício todos os dias. Agradeça-lhe pelas suas qualidades de pensamento e de síntese das informações. Agradeça-lhe pela sua força de vontade, resistência, sua capacidade de iniciar alguma coisa e de acompanhá-la até o fim.

7. Pergunte ao Eu Médio se o cordão aka entre ele e seu Eu Inferior está em perfeitas condições. Se esse canal estiver bloqueado, pergunte o que é preciso fazer para desobstruí-lo. Peça ao seu Eu Médio para ajudá-lo a lhe enviar somente pensamentos bons e positivos, de maneira que apenas mensagens positivas cheguem ao seu Eu Inferior.

8. Expresse seu amor pelo seu Eu Médio.

9. Concentre sua atenção no Eu Superior. Visualize-o a um metro e meio acima de você, ligado à sua cabeça por um lindo cordão doura-

do. Experimente o amor que é constantemente derramado sobre você pelo seu Eu Superior.

10. Agradeça ao seu Eu Superior por cuidar de você e por estar disponível para ajudá-lo sempre que você lhe pedir. Peça a Ele quaisquer percepções que ele puder lhe oferecer para ajudá-lo no momento presente. Faça uma pausa de alguns minutos e usufrua desse contato íntimo com seu Eu Superior. Agradeça novamente.

11. Respire três vezes, lenta e profundamente. De maneira gradual, permita a si mesmo perceber o ambiente que o cerca; quando se sentir preparado, levante-se e prossiga com suas atividade diárias.

Você vai descobrir que esse é um bom exercício para se fazer regularmente. Quanto melhor conhecer seus três eus, melhor sua vida se tornará. Você será capaz de lhes fazer perguntas sobre qualquer aspecto de sua vida, recebendo sempre respostas úteis, pois eles têm seus melhores interesses em mente o tempo todo. Você poderá praticar esse exercício porque precisa fazer uma pergunta específica, e os elementos fornecidos pelos três eus o ajudarão a tomar a decisão correta. Poderá também optar pela realização desse exercício com o propósito de expressar sua gratidão e amor aos seus três eus por cuidarem constantemente de você.

Ritual Kahuna para Vitalidade

Quando você está cheio de vitalidade e energia, sente que poderia fazer qualquer coisa. Lamentavelmente, para muitas pessoas é raro ter uma experiência desse tipo. Elas se arrastam pela vida, constantemente apáticas, pois lhes falta energia. Naturalmente, você precisa de repouso suficiente, porém após uma boa noite de sono deveria se sentir pleno de energia, o que lhe possibilitaria ocupar-se de modo competente com tudo o que o dia tem para oferecer. Embora talvez não perceba, você possui poder ilimitado e tem potencial para conseguir qualquer coisa que decida em sua mente empreender. O ritual kahuna abaixo o encherá de energia, entusiasmo, vitalidade e poder sempre que você precisar deles.

1. Sente-se numa cadeira confortável e relaxe o corpo.

2. Quando se sentir preparado, levante-se. Fique em pé com os pés separados, a uma distância de trinta a 45 centímetros um do outro.

3. Respire devagar e profundamente quatro vezes, segurando o ar nos pulmões durante alguns segundos antes de soltá-lo. A cada respiração imagine que você está se tornando pleno, a ponto de transbordar, de abundante mana.

4. Depois de respirar quatro vezes crie uma imagem mental de si mesmo cheio de mana. Fechar os olhos o ajudará a visualizar esta cena. Respire profundamente mais uma vez e, em sua mente, observe esse mana adicional fluir para fora, saindo pelo alto de sua cabeça. Gosto de imaginar isso como uma corrente de água, constantemente transbordando e se derramando do topo da minha cabeça. Esse mana é energia pura e quando eu o vejo fluir da minha cabeça, sei que estou transbordando de energia e pronto para fazer qualquer coisa. Como o mana é também um bálsamo curativo, esse é um bom exercício para fazer quando não se sentir bem ou desvitalizado. Ele ainda pode ser usado para melhorar sua disposição emocional se você estiver se sentindo deprimido ou desanimado.

5. Conserve essa imagem em sua mente o máximo que puder. Quando estiver preparado, abra os olhos, alongue-se e sinta a vitalidade e o poder dentro de você.

Você também pode usar esse exercício para se comunicar com os seus eus. Se não estiver se sentindo bem, fale com seu Eu Inferior. As respostas lhe virão como pensamentos. Seu Eu Inferior cuida do seu corpo físico e lhe permitirá se dirigir diretamente a qualquer parte do seu corpo que não esteja funcionando tão bem quanto deveria. Quando tiver feito isso, você então conversará com o seu Eu Superior, pedindo-lhe cura e orientação. Obviamente, se o problema for sério, deverá consultar igualmente um profissional de saúde e seguir seus conselhos.

Procure ter o domínio de seus pensamentos ao empreender qualquer forma de autocura. Você poderá usar afirmações como: "O meu ombro está sendo rapidamente curado. Estou recuperando uma saúde vibrante." Além disso, realize o rito kahuna pelo menos uma vez por dia até que sua saúde esteja novamente perfeita.

Cura de Outras Pessoas Por Meio do Poder Kahuna

Você poderá utilizar o exercício chamado Oito Passos para um Milagre na cura de seus próprios problemas, mas isso não pode ser feito se estiver enviando energia curativa a uma outra pessoa. Felizmente, existem dois métodos kahuna para curar os outros: um, se a pessoa estiver perto de você e o segundo, de cura a distância.

Método Um

1. Sente-se ao lado da pessoa para a qual vai enviar energia de cura. Peça-lhe para relaxar, enquanto você realiza a primeira parte do processo. Certifique-se de ter se dado tempo suficiente durante esse estágio para relaxar sua mente e seu corpo.

2. Quando estiver pronto, fique em pé com os pés separados, a cerca de 45 centímetros um do outro e respire profundamente quatro vezes, da maneira que faz normalmente. Imagine que está enchendo seu Eu Inferior com mana de cura.

3. Novamente, quando se sentir preparado, deixe que esse mana dispare para cima, subindo até o seu Eu Superior. Crie uma imagem dele como uma nuvem branca de energia acima de sua cabeça.

4. No interior dessa nuvem, visualize a pessoa que pretende curar, mas essa imagem deverá ser a de uma pessoa inteiramente restabelecida.

5. Diga ao seu Eu Superior: "Eu preciso de energia de cura para (o nome da pessoa). Por favor, permita que ela receba de volta uma saúde e uma vitalidade vibrantes. Peço isso a você Grande Pai (ou qualquer outro nome pelo qual escolha chamar seu Eu Superior)."

6. Espere até sentir uma resposta no seu corpo. Esta provavelmente se manifestará como um sentimento de que chegou a hora de prosseguir com o ritual. Entretanto, você poderá experimentá-la de várias outras maneiras. Talvez sinta calor, frio ou tenha uma sensação física nos seus braços ou ombros.

7. Mantenha as palmas das mãos separadas, a uma distância de aproximadamente trinta centímetros uma da outra, e respire profun-

damente mais quatro vezes. É provável que você tenha uma sensação de calor na palma de cada mão.

8. Se a pessoa apresentar alguma doença numa parte específica do corpo, coloque suas mãos a poucos centímetros dessa região, de ambos os lados, com as palmas de frente uma para a outra. Mantenha essa posição durante sessenta segundos.

9. Apóie suas mãos na parte do corpo que necessita de cura. Alternativamente, descanse as palmas de suas mãos nos ombros da pessoa. Mais uma vez, mantenha essa posição por sessenta segundos. A imposição das mãos é uma maneira particularmente eficaz de transferência da energia mana de uma pessoa para outra. Se alguém estiver doente, mas não houver uma área específica a ser curada, você poderá enviar energia de cura a cada uma das partes do corpo da pessoa pela imposição das mãos.

10. Depois de tratar durante um minuto a área específica que precisa de cura, peça à pessoa para se levantar. Fique em pé de um dos lados da pessoa e, com as palmas das mãos próximas uma da outra, lentamente desça-as desde o alto da cabeça do paciente até seus pés. As palmas de suas mãos deverão permanecer afastadas cerca de dez centímetros do corpo da outra pessoa o tempo todo.

11. Após esse procedimento, vire-se de costas para a pessoa e sacuda as mãos vigorosamente. Isso liberará a negatividade que suas mãos tiverem absorvido do paciente. Respire mais quatro vezes profundamente para encher-se novamente de mana e repita a mesma operação do outro lado do corpo da pessoa.

12. Repita esse estágio na frente e nas costas da pessoa, lembrando-se de sacudir as mãos vigorosamente a cada etapa.

13. Finalmente, peça à pessoa para respirar profunda e lentamente quatro vezes. Acompanhe-a neste exercício. Ele restaurará seu mana e também fornecerá mana adicional para o seu paciente.

14. Repita o processo sempre que possível; o ideal seria realizá-lo todos os dias, até que a pessoa esteja totalmente restabelecida.

Método Dois (Cura a Distância)

Sempre que puder, primeiro peça permissão à pessoa para a qual planeja enviar energia de cura. Cada um segue seu próprio caminho pela vida e nem todos irão querer que alguém lhes mande a cura. Isso pode parecer estranho, porém algumas pessoas estão determinadas a permanecer doentes. Desse modo talvez consigam solidariedade ou a atenção que subconscientemente sentem que lhes estava faltando antes de adoecerem. Elas podem ainda ser ideologicamente contrárias a qualquer forma de cura alternativa. Você deve respeitar a vontade delas. Se não desejarem a cura, pergunte se pode orar por elas. Até hoje nunca encontrei ninguém que recusasse orações.

Evidentemente, se uma pessoa estiver inconsciente ou você não conseguir contatá-la por alguma razão, poderá enviar mana para o seu Eu Superior. Peça que essa energia seja usada para o mais elevado bem da pessoa.

1. Relaxe numa cadeira confortável e pense sobre a pessoa que necessita de suas energias curativas.

2. Quando se sentir preparado, levante-se e carregue seu Eu Inferior de mana.

3. Envie o mana ao seu Eu Superior, visualizando-o como uma nuvem de energia sobre sua cabeça. Mentalmente, coloque a pessoa para a qual está mandando energia de cura dentro dessa nuvem. Contudo, a imagem que está visualizando deverá mostrá-la gozando de uma saúde radiante.

4. Conserve essa imagem em sua mente o máximo que puder e depois peça ao seu Eu Superior que envie esse mana para o Eu Superior da pessoa que você quer ajudar. Você poderá dizer: "Grande Pai, por favor transmita essa dádiva de mana curativo para o meu amigo (nome da pessoa). Meu amigo deseja ter boa saúde novamente e eu estou grato por sua ajuda. Obrigado."

5. Respire mais quatro vezes profundamente para encher seu corpo com mana. Feche os olhos e visualize esse mana deixando seu corpo a partir da região do coração e passando rapidamente para o seu amigo.

6. Agradeça a cada um de seus três eus e prossiga com a rotina do dia, confiante de que o mana que enviou e a ajuda que recebeu do seu Eu Superior irão beneficiar seu amigo doente. Você terá também, como resultado paralelo, estabelecido ou fortalecido a ligação aka entre você e a pessoa que necessita de cura.

Os métodos dos kahunas quase desapareceram da história; foi uma feliz circunstância que pessoas dedicadas, como o Dr. William Tufts Brigham e Max Freedom Long, tivessem conseguido registrá-los antes que eles desaparecessem para sempre. O Rito Ha permitia aos kahunas contatar seu deus interior e realizar milagres. Você poderá utilizar os mesmos métodos para alcançar milagres na sua vida.

Cinco

Milagres de Intuição

Os ANTIGOS KAHUNAS usavam o Eu Superior para conseguir acesso à sua intuição. Agora que você já pôs em prática algumas de suas técnicas, poderá começar a realizar milagres de intuição.

Intuição é a arte de obter conhecimento sem utilizar nenhum dos sentidos normais, da visão, da audição, do olfato, do tato e do paladar. Trata-se de um sexto sentido que todos nós possuímos. Você já teve um pressentimento ou uma impressão instintiva a respeito de alguma coisa? Isso é efeito de sua intuição. Um pensamento ou um sentimento subitamente lhe veio à mente, sem passar pelos processos normais de raciocínio.

Pesquisas envolvendo altos executivos têm demonstrado que muitas decisões são tomadas com base em impressões pessoais. Eles, evidentemente, utilizam a lógica a maior parte do tempo, porém quando lhes ocorre uma súbita percepção a respeito de alguma coisa, agem em obediência à mesma. Um amigo meu iniciou e gerenciou mais de doze negócios durante o período em que o conheço. Ele tem um incrível talento para saber que tipo de negócio tem mais probabilidade de sucesso, em qualquer momento. Como conseqüência, ele normalmente está alguns passos à frente de todos em cada novo empreendimento. Tem a mesma capacidade de saber quando vender e, em geral, se desfaz do negócio poucos meses depois que a demanda por qualquer coisa que tenha a oferecer alcançou seu apogeu.

Outros empresários estão sempre lhe pedindo para revelar seus "segredos". Raramente ficam satisfeitos em ouvir que ele simplesmente obedece às suas percepções. Ele é uma das pessoas que usam sua intuição para alcançar surpreendentes sucessos. Sua história de "transformação de metal em ouro" é um milagre. Ele tem o toque de Midas. Acho fascinante que ele use sua intuição tão incrivelmente bem nos negócios, mas não consiga utilizá-la em outras áreas de sua vida. Pessoas que atingem o sucesso em todos os setores da vida são raras, porém isso é algo a que todos nós deveríamos aspirar. Aí então a nossa vida se transformaria num milagre digno de ser contemplado.

A percepção extra-sensorial pode ser dividida em várias categorias: telepatia, clarividência, precognição e psicocinese. Telepatia é a capacidade de enviar e receber pensamentos. Ela é com freqüência conhecida como comunicação mente a mente. A clarividência não necessita da presença de outra mente. Ela tem a capacidade de receber psiquicamente uma informação que não é conhecida de modo consciente. Quando alguém usa a clarividência, ele ou ela "sabe" a resposta. Precognição ou premonição é a arte de conhecer acontecimentos futuros. A psicocinese é ligeiramente diferente das outras três e representa a capacidade de influenciar um objeto ou acontecimento mentalmente. Jogadores se dispõem a empregá-la sempre que tentam influenciar, pela força da mente, o movimento dos dados.

É importante lembrar que nossa intuição está presente o tempo todo. Podemos utilizá-la de maneira consciente, se quisermos, mas ela também age subconscientemente por intermédio da nossa vida para nos ajudar e proteger. Geralmente, intuições subconscientes vêm até nós sob a forma de sonhos ou quando estamos fazendo alguma coisa comum na nossa vida diária, como lavar pratos.

No que se refere aos milagres, as duas modalidades mais úteis de percepção extra-sensorial são a clarividência e a precognição.

Clarividência

Clarividência é a habilidade de obter impressões sobre alguma coisa sem que os cinco sentidos normais intervenham. Os cinco sentidos da visão, da audição, do tato, do paladar e do olfato são consideravelmente acentuados quando um sexto sentido — o conhecimento — é somado a eles. Ao obliterar conscientemente os cinco sentidos, você permite que seu sexto sentido venha à tona. Quando você utilizar esse potencial de conhecimento, estará canalizando informações que vêm da mente universal para a sua mente consciente e, a seguir, para a sua percepção consciente.

Você poderá ter feito isso em momentos especiais do passado ao entrar subitamente em sintonia com o universo. Poderá ter obtido informações repentinas sobre alguma coisa ou alguém, o que não seria possível conseguir de qualquer outro modo. Felizmente, você não precisa esperar que esses momentos especiais se repitam. A clarividência é uma aptidão natural que todos podemos desenvolver.

O primeiro passo é relaxar. Isso é essencial para qualquer atividade psíquica. É difícil receber quaisquer impressões envolvendo a clarividência quando você está tenso ou ansioso. Escolha um momento adequado e um lugar onde não seja perturbado. Sente-se numa cadeira confortável, feche os olhos, respire profundamente algumas vezes e se concentre no relaxamento de todos os músculos do seu corpo.

Quando se sentir totalmente relaxado no físico, aquiete também a sua mente. Isso não é fácil de fazer, uma vez que a nossa mente está ocupada o tempo todo. Tanto quanto possível, elimine todos os pensamentos conscientes, de maneira que tudo o que lhe vier à mente seja canalizado por meio da clarividência.

Você poderá receber impressões clarividentes, tais como pensamentos, sentimentos, sabores, odores, sons ou imagens. Algumas vezes, várias delas podem ser usadas ao mesmo tempo para criar uma impressão clara. Tente não analisar nada do que chega a você até mais tarde porque impressões clarividentes são frágeis e facilmente perdidas quando a mente consciente é envolvida no processo.

Num sentido estrito, clarividência significa "ver" alguma coisa que não é conhecida. A capacidade de ouvir coisas, por exemplo, é chamada com propriedade de clariaudiência e a de sentir alguma coisa é conhecida como clarisensibilidade. Entretanto, por uma questão de conveniência, a informação obtida por meios paranormais é mencionada como tendo sido recebida de modo clarividente.

Chester Carlson, o inventor da máquina copiadora Xerox, atribuiu seu sucesso à clariaudiência. Uma noite, enquanto trabalhava no laboratório de sua casa, uma voz lhe ensinou como fazer o carbono saltar para um tambor carregado e depois imprimir cópias em folhas de papel. Para demonstrar sua gratidão ao universo por ter lhe fornecido essa informação, Carlson doou milhões de dólares para a pesquisa psíquica.[1]

Um caso de clarividência amplamente reconhecido como autêntico ocorreu em 1756 quando Emmanuel Swedenborg (1688-1772) recebeu impressões clarividentes de um incêndio que se abatia violentamente sobre Estocolmo, a quinhentos quilômetros de distância. Swedenborg entrou em transe durante uma recepção em Gothenberg e contou às pessoas presentes sobre o incêndio e como ele se propagava, à medida que destruía a cidade. Quando um mensageiro chegou no dia seguinte com a notícia do incêndio, descobriu-se que a clarividência de Swedenborg estava correta em todos os detalhes.

Em seu livro *Powers That Be*, Beverley Nichols relatou um caso bem documentado de clarividência espontânea. Ele estava fazendo uma reportagem ao vivo sobre a família real inglesa para a Canadian Broadcasting Company de rádio. Decidiu terminá-la com uma descrição da Rainha enquanto esta percorria a avenida numa carruagem. Ao falar a respeito do assunto, sentiu uma súbita dor de cabeça e lhe veio à mente uma imagem clara do Presidente Kennedy num carro aberto, protegido por uma escolta de motocicletas. O produtor do programa ficou encantado, pois aquilo permitia a Beverley Nichols comparar o enorme esquema de segurança exigido para o presidente dos Estados Unidos com a abordagem despreocupada, suficiente no caso da família real. Após a cobertura jornalística, os membros da equipe de rádio decidiram ir a um bar. Um homem se aproximou deles na rua e lhes contou que o Presidente Kennedy tinha sido assassinado minutos antes, no momento exato em que Nichols tivera sua inesperada dor de cabeça.[2] A única discrepância foi Beverley Nichols ter imaginado o Presidente Kennedy em Nova York e não em Dallas.

Uma boa maneira de desenvolver suas habilidades de clarividência é segurar um objeto e ver que impressões ele lhe traz. Isso é conhecido como psicometria. Sente-se em silêncio, relaxe, segure ou acaricie o objeto e veja o que acontece. Poderá levar vários minutos para que qualquer impressão se manifeste na primeira vez em que tentar a experiência. Entretanto, com a prática, as impressões lhe virão à mente quase que imediatamente depois de você entrar num estado mental clarividente. Alguns especialistas em psicometria são capazes de adivinhar toda a história de um objeto quando o seguram ou tocam nele.

Aqui está o que a Sra. Anna Denton, uma especialista em psicometria do século XIX, disse enquanto segurava um fragmento de dente de um mastodonte:

Minha impressão é de que se trata de uma parte de algum animal monstruoso, provavelmente o fragmento de um dente. Sinto-me como um perfeito monstro, com patas pesadas, cabeça desproporcional e um corpo muito grande. Desço até um pequeno regato para beber. Mal consigo falar por causa do peso dos meus maxilares. Sinto como se estivesse andando sobre quatro patas. Da mata vem um barulho intenso. Quero responder. Minhas orelhas são enormes e carnosas, e quase posso senti-las batendo no meu focinho quando movo a cabeça. Há alguns outros animais mais velhos do que eu. Falar também parece estranho com essas mandíbulas pesadas. Elas são marrom-escuro, como se estivessem completamente queimadas de sol. Há um animal muito velho, com grandes presas, que parece bastante forte. Vejo diversos animais jovens; de fato, há toda uma manada deles.[3]

Como vemos, a quantidade de informações que pode ser recebida desse modo é incrível. A Sra. Denton parece ter, na verdade, se tornado um mastodonte durante o período em que segurou o fragmento de dente.

Charles Inman submeteu cartas à psicometria para obter informações sobre quem as escrevera. Ele era discípulo do Dr. Joseph Rodes Buchanan (1814-1899), que foi durante toda a sua vida um estudioso do assunto; o Dr. Buchanan escreveu um livro volumoso sobre a psicometria, chamado *Manual of Psychometry* (1889). Ele percebeu que Charles Inman era muito preciso em suas experiências com pessoas, sobre as cabeças das quais corria as mãos, e decidiu observar se Inman seria capaz de fazer a leitura psicométrica de cartas da mesma maneira. Escolheu quatro cartas do seu arquivo, cada uma delas escrita por uma pessoa de caráter forte. Quando segurou as cartas, Charles Inman foi capaz de descrever os missivistas como se os tivesse conhecido durante toda a sua vida. Duas das cartas tinham sido escritas por pessoas que tinham sido amigas no passado, mas que no presente eram inimigas. Inman percebeu a situação instantaneamente; descobriu ainda que as cartas despertavam emoções muito fortes, a ponto de o levarem a abandoná-las. O Dr. Buchanan lhe perguntou qual dos dois sairia vencedor numa contenda. Inman imediatamente pegou uma das cartas e disse: "Este iria esmagar o outro." Mais uma vez tinha razão, pois essa pessoa fora responsável pela perda do emprego da outra.[4]

Seja paciente. Faça experiências regularmente e anote os resultados. A clarividência é uma aptidão útil, podendo melhorar sua vida de muitas maneiras.

Como Prever Seu Próprio Futuro

O que poderia ser mais milagroso do que poder afastar o véu e obter vislumbres do futuro? Profecia, adivinhação, precognição, premonição, augúrio, vaticínio, segunda visão e leitura da sorte são todos termos usados para descrever a capacidade de predizer acontecimentos futuros. Através da história, certas pessoas com dons especiais têm sido capazes de fazer exatamente isso. Contudo, pesquisas na área da parapsicologia, hoje, parecem indicar que todos temos esse dom, porém, ele precisa ser cultivado e encorajado para se desenvolver.

Os presságios sempre foram valorizados. O Oráculo de Apolo em Delfos foi apenas um dos vários templos dessa natureza conhecidos durante a civilização grega. O Rei Creso da Lídia testou muitos oráculos, ficando impressionado quando o oráculo de Delfos corretamente anunciou que Creso estava cozinhando um cordeiro e uma tartaruga num caldeirão de latão. Isso era uma coisa muito incomum para um rei fazer. Encorajado por essa revelação, Creso lhe perguntou sobre uma campanha militar que planejava. O oráculo respondeu que aquilo iria resultar na destruição de um grande exército. Presumindo que aquelas palavras se referiam aos seus inimigos, Creso prosseguiu com seus planos, porém o grande exército destruído foi o seu próprio.

Um dos confrontos militares mais importantes da História Antiga, a Batalha de Salamina, foi resultado direto de uma profecia feita pelo oráculo de Delfos. Por volta de 480 a.C., os persas, liderados por Xerxes, decidiram atacar Atenas. Xerxes mandou construir 1.400 navios enormes para, com seus exércitos, atravessar o Mar Egeu. Assim que os atenienses souberam dessa ameaça, consultaram o oráculo. O prognóstico não era bom. O oráculo aconselhou que todos abandonassem Atenas e colocassem sua fé entre paredes de madeira. Metade da população se recusou a abandonar a cidade, enquanto os outros habitantes da região partiram para o Pireu e construíram trezentos navios de madeira. Os persas, como era previsto, incendiaram e saquearam Atenas, dirigindo-se, em seguida, para onde se encontravam os navios gregos. Estes atraíram os persas para o Estreito de Salamina, onde os barcos gregos, que eram menores, puderam abalroar e afundar os navios persas, mais difíceis de manobrar. As embarcações remanescentes conseguiram escapar, deixando seus soldados para trás. A maioria desses homens pereceu, ao tentar voltar para casa através das montanhas em pleno inverno. O Partenon, a maior maravilha arquitetônica do mundo antigo, foi construído mais tarde para celebrar essa vitória.

Dezoito dos 39 livros do Velho Testamento iniciam-se com as palavras "O Livro do Profeta". A maioria das pessoas já ouviu falar em como José interpretou os sonhos precognitivos do faraó: "Eis que virão sete anos de grande abundância por toda a terra do Egito: e, depois deles, seguir-se-ão sete anos de fome" (Gênesis 41: 29-30). José, o pai terreno de Jesus, teve um sonho premonitório que salvou a vida da criança: "O anjo do Senhor apareceu a José num sonho, dizendo: levanta-te, toma o menino e sua mãe e foge para o Egito; fica ali até que eu te avise: pois Herodes procurará a criança para destruí-la" (Mateus 2:13).

Durante a Última Ceia, Jesus fez uma profecia quando afirmou: "Um dentre vós, o que come comigo, me trairá" (Marcos 14:18). Ele fez outra profecia ao dizer a Pedro: "Antes que duas vezes cante o galo, negar-me-ás três vezes" (Marcos 14:30). Ambas as profecias se cumpriram.

As predições ainda desempenham um papel importante na vida atual. Previsões meteorológicas nos revelam como vai ser o tempo num determinado dia, segundo os especialistas. Prognósticos econômicos conjeturam a respeito do comportamento da economia. Apostadores fazem predições sobre o resultado das corridas de cavalos. Psicólogos behavioristas podem antever de modo extraordinariamente acurado como uma pessoa em particular irá se comportar se confrontada com um conjunto especial de circunstâncias. Estatísticos podem predizer o número de nascimentos, mortes, assassinatos e suicídios num dado período com muita precisão. Todas essas pessoas prevêem acontecimentos futuros com base em informações que já possuem.

Entretanto, algumas pessoas parecem ser capazes de transcender o tempo e obter dados sobre acontecimentos futuros sem nenhuma informação *a priori*. Estes normalmente são revelados em sonhos ou quando a pessoa se encontra no estado limítrofe entre o sono e a vigília. Outros usam instrumentos diversos, como o I Ching, cartas de Tarô ou bolas de cristal para transpor o véu do futuro.

Um exemplo interessante disso é a cesta divinatória empregada pelos bantos da África. Trata-se de um cesta trançada, com tampa, que contém entre quarenta a oitenta objetos semelhantes a fetiches. Cada um desses objetos simboliza alguma coisa ou um determinado aspecto da vida comunitária. O adivinho sacode a cesta e faz um vaticínio, baseado no objeto que está por cima. Com freqüência, essas profecias se revelam corretas.[5]

Tenho tido bastante sucesso com as Pedras do Céu. Os antigos celtas praticavam uma série de métodos de adivinhação por meio das pedras, pois acreditavam que tudo, mesmo as pedras, possuía um espírito. A adivinhação pelas Pedras do Céu é uma das várias formas de predição por meio das pedras, registrada em *Os Livros de Fferyllt*, um dos textos antigos encontrados no País de Gales. As Pedras do Céu se limitam às respostas "sim" e "não", porém são surpreendentemente precisas nos resultados. Três pedras são necessárias, cada uma com cerca de três centímetros de diâmetro: uma dourada, uma prateada e uma preta. Eu uso pirita dourada ou olho-de-tigre para a dourada, hematita para a prateada e obsidiana para a preta. Essas cores simbolizam os três portais dos druidas: alvorecer (dourado), anoitecer (prateado) e meia-noite (preto).

Para utilizar as pedras, segure-as juntas em uma das mãos, enquanto pensa na sua pergunta. Delicadamente, jogue-as sobre uma superfície plana e veja qual delas fica mais próxima da preta. Se a pedra dourada estiver mais próxima do que a prateada, a resposta é sim. Se a prateada estiver mais próxima, a resposta é não. Se ambas estiverem exatamente à mesma distância da pedra preta, deverão ser jogadas novamente. Ao decidir fazer uma experiência com as pedras, aceite a resposta que elas lhe dão. Não fique jogando as mesmas repetidas vezes, na esperança de obter uma resposta diferente. Elas perdem a eficácia quando duvidamos dessa maneira.[6]

Parapsicólogos têm realizado vários experimentos envolvendo presciência sob condições de laboratório. As primeiras experiências foram feitas pelo Dr. J. B. Rhine, em 1933. Ele pediu a uma pessoa — o sujeito da experiência — que tinha revelado capacidade de clarividência com cartas PES (Percepção Extra-Sensorial) para predizer a ordem das cartas, depois de estas terem sido embaralhadas. Os resultados foram promissores e encorajaram os estudiosos da área a continuar com os testes.[7]

O Dr. S. G. Soal, matemático da Universidade de Londres, tentou reproduzir os experimentos do Dr. Rhine na Inglaterra. Suas experiências com 162 pessoas, entre 1934 e 1939, não produziram nenhuma evidência de PES e ele começou a questionar a existência dessa faculdade especial.

Felizmente, um pesquisador chamado Whately Carington começou a trabalhar com experimentos envolvendo PES em Cambridge, em 1939. Um desses estudos reuniu trezentas pessoas, que tinham de adivinhar uma carta tirada ao acaso e cujo resultado ele lhes transmitia mentalmente todos os dias. Carington descobriu que tinha poucos índices de acerto à noite, quando projetava a carta que havia tirado, mas percebeu que muitos de seus voluntários eram bem-sucedidos com a carta que seria tirada um ou dois dias depois, ou que tinha sido tirada um ou dois dias antes. Isso parecia indicar precognição e retrocognição. Carington sugeriu ao Dr. Soal que verificasse seus resultados novamente, para ver se estes apresentavam o efeito de deslocamento. Depois de muita insistência, o Dr. Soal relutantemente concordou, descobrindo que dois de seus sujeitos eram excepcionalmente eficientes em predizer, com regularidade, uma carta à frente daquela que ele tinha projetado. O Dr. Soal continuou com as experiências, usando esses dois sujeitos, e repetidamente obteve bons resultados. Um de seus sujeitos de estudo, Basil Shackleton, adivinhava uma carta a cada dois segundos e meio, e constantemente acertava uma carta à frente daquela que estava sendo tirada. Quando o Dr. Soal lhe pediu para aumentar a velocidade da adivinhação para uma carta a cada 1,25 segundos, ele começou a acertar a carta que estava duas à frente. Estatisticamente, os resultados obtidos foram de bilhões para um contra o acaso.[8] Isso pareceu ser uma prova conclusiva da precognição.

No início, o Dr. Soal relatou que não tinha tido nenhum sucesso, duvidando até mesmo dos resultados do Dr. Rhine. Contudo, ele obtivera evidência positiva da precognição o tempo todo, embora não a tivesse identificado. Em 1955, G. R. Price tentou demonstrar que os doutores Rhine e Soal tinham tido sucesso com seus resultados de maneira fraudulenta. Dezesseis anos depois desistiu da tarefa e se retratou.[9]

Helmut Schmidt, durante um período, diretor do laboratório de parapsicologia Dr. J. B. Rhine, criou um experimento com fissão de átomos de estrôncio-90, usando elétrons. Pedia-se aos participantes que predissessem quando o próximo elétron, nesse processo aleatório, iria aparecer. No primeiro experimento formal, três voluntários obtiveram resultados 4,4% superiores aos que o acaso poderia indicar. A probabilidade de acertos ao acaso foi menor do que um em quinhentos milhões. No segundo experimento principal foi permitida aos participantes a escolha de um número maior ou menor de tentativas de acerto. Nisso também foram bem-sucedidos. As pessoas que escolheram mais acertos ficaram 7,1% à frente da expectativa relacionada ao acaso e as pessoas que se decidiram por menos acertos ficaram 9,1% à frente do acaso. A probabilidade de isso acontecer por meio do acaso somente é menor que um em dez bilhões.[10] Entretanto a correção desses valores foi questionada pelos críticos do Dr. Schmidt.[11]

O sensitivo holandês, Gerald Croiset, passou por uma série de testes propostos pelo Professor Willem Tenhaeff, da Universidade de Utrecht. O Dr. Tenhaeff escolheu aleatoriamente o número de uma poltrona num auditório público onde não eram feitas reservas, e pediu a Croiset para descrever a pessoa que iria se sentar naquela poltrona em particular numa data futura. O Dr. Tenhaeff tinha total controle de todas as condições, escolhendo tanto o auditório que seria usado como o número da poltrona. Croiset não se mostrou perfeito, mas teve sucesso com muitas de suas descrições. Numa oportunidade, o auditório selecionado localizava-se em Roterdã e o número da poltrona era três. Croiset descreveu uma mulher de meia-idade, originária de Milão, que morava em cima de um açougue e tinha uma cicatriz no rosto devido a um acidente de automóvel recente. Croiset estava correto em todos os detalhes.[12]

Lamentavelmente, a maior parte das predições casuais se refere a acontecimentos trágicos, normalmente relacionados com a morte da pessoa ou de alguém próximo a ela.

Uma ocorrência intrigante desse tipo foi relatada pelo famoso prestidigitador, Harry Kellar (1849-1922). Em 1877 ele se encontrava em Xangai com dois homens, que usavam os nomes artísticos de Ling Look e Yamadeva. Apesar dos nomes diferentes, eles eram irmãos. Pouco antes de partirem para Hong Kong, Yamadeva e Kellar visitaram uma pista de boliche. Observaram o capitão de um navio jogar uma bola grande e pesada e Yamadeva decidiu tentar lançar uma bola tão pesada quanto a do marinheiro. Levantou-a e, com toda a força que foi capaz de reunir, atirou-a na pista. Imediatamente sentiu uma dor forte do lado e mal pôde voltar ao navio. Ele se deitou e faleceu logo depois. A autópsia revelou que uma artéria havia sido rompida. O capitão do navio não queria levar o corpo para Hong Kong, porém Kellar e Ling conseguiram persuadi-lo.

Enquanto o navio descia o rio Yang Tse Kiang, Ling Look, como era de esperar, sentia-se deprimido. Entretanto, subitamente recuperou o ânimo ao ouvir o assobio característico que ele e seu irmão usavam para chamar um ao outro. O assobio se repetiu várias vezes, e todos a bordo puderam ouvi-lo. O capitão, achando que alguma coisa estava errada, concordou em levantar a tampa do caixão, confirmando assim que Yamadeva se achava definitivamente morto.

Ling Look começou a soluçar e contou a Harry Kellar que não estaria vivo quando o navio chegasse a Hong Kong, pois seu irmão o chamava. Ao chegarem a Hong Kong, Ling Look precisou urgentemente de uma cirurgia de fígado e morreu sem recobrar a consciência. O presságio de Ling de que seu irmão chamava por ele se concretizou.[13]

Isso, evidentemente, nos faz pensar se Ling Look poderia ter alterado seu destino. Na verdade, ele provavelmente queria se reunir ao irmão, mas o que teria acontecido se desejasse viver? Existem muitos casos registrados, aparentemente indicando que ele poderia ter mudado seu destino.

Um amigo de Arthur W. Osborn, autor de um excelente livro sobre a precognição, *The Future is Now*, fez exatamente isso. Ele era professor de música numa escola pública da Inglaterra. Um dia, observava um aluno tocar piano quando a música pareceu se desvanecer, sendo substituída pela cena da estrada na qual iria dirigir naquela mesma tarde. Enquanto ele olhava a cena, um carro fez uma curva na contramão em grande velocidade. A cena rapidamente desapareceu e ele pôde ouvir a música outra vez. À tarde, quando passava por aquele trecho da estrada, lembrou-se da visão e parou o carro do outro lado da pista. Ao fazê-lo, um automóvel saiu de uma curva na contramão em alta velocidade, exatamente como a sua premonição indicara.[14]

Outra ocorrência interessante envolveu Sir Winston Churchill. Durante os ataques aéreos em Londres na Segunda Guerra Mundial, Churchill costumava visitar regularmente as forças de defesa civil para ajudar a levantar o moral. Ele sempre se sentava do lado mais próximo do acostamento. Uma noite, seu motorista abriu a porta daquele lado para ele, mas Churchill, depois de olhar para a porta aberta, deu a volta, abriu a porta do outro lado do automóvel e entrou. Ele nunca tinha feito aquilo antes. Trinta minutos depois, uma bomba caiu perto da porta onde ele normalmente estaria e a força da explosão ergueu aquele lado do carro, tirando-o do chão. O automóvel quase capotou, porém conseguiu voltar à posição normal no momento exato. Churchill não contou o incidente à sua esposa para evitar preocupá-la, mas ela soube do mesmo pelo motorista. Quando perguntou ao marido por que ele tinha dado a volta no carro e entrado do outro lado, ele disse que não sabia. Como ela continuava a olhar fixamente para ele, Churchill acrescentou: "Sim, eu sei. Quando me aproximei da porta que estava aberta, algo dentro de mim disse 'Pare, dê a volta até o outro lado e entre por lá', e foi isso o que fiz."[15]

Se a precognição pode ocorrer em casos pessoais, como os relatados, certamente existe a possibilidade de que as pessoas antevejam grandes desastres. William Lilly (1602-1681) era um astrólogo bem conhecido; em 1648, publicou suas previsões da Grande Peste e do Grande Incêndio de Londres no seu livro *Astrological Predictions*. "No ano de 1665, ele escreveu: "o Afélio de Marte, que é o significado geral da Inglaterra, estará em Virgem, sem dúvida o ascendente da monarquia britânica, mas Áries do Império. Quando, portanto, a apside de Marte, aparecer em Virgem, não se esperará menos do que uma catástrofe estranha envolvendo os interesses humanos na Comunidade, na monarquia e no Reino da Inglaterra... ela será terrível para Londres, para os seus mercadores no mar, para seu tráfego em terra, para seus pobres, para todos os tipos de pessoas que vivem nela ou para as suas liberdades, devido a diversos incêndios e a uma peste que tudo consumirá."[16] William Lilly fez outras predições em relação à peste e ao incêndio no seu livro *Monarchy and No Monarchy*, publicado em 1651. Como suas previsões se mostraram precisas em todos os aspectos, William Lilly foi convocado a comparecer diante de uma comissão, criada para investigar as referidas calamidades, em 25 de outubro de 1666. Lilly relatou que fora bem tratado pela comissão, pois esta se convencera de que ele tinha feito os prognósticos baseado somente nos seus cálculos astrológicos.

Em 1912, um engenheiro de máquinas chamado Colin Macdonald teve uma forte premonição de que algum acidente iria ocorrer ao Titanic e deixou de aceitar três ofertas, cada vez mais tentadoras, para assumir o cargo de segundo engenheiro. O homem que tomou seu lugar se afogou.

W. T. Stead, o famoso editor de jornal, não teve a mesma sorte. Duas pessoas que leram sua sorte haviam lhe dito que ele iria se afogar num navio indo para a América do Norte. Apesar do seu interesse por fenômenos paranormais, W. T. Stead reservou uma cabine no Titanic e faleceu exatamente como tinha sido previsto.[17]

Em 1956, Jeane Dixon foi entrevistada por Jack Anderson da revista *Parade*. Em seu artigo publicado na edição de 13 de maio ele escreveu: "Quanto à eleição de 1960, a Sra. Dixon acredita que um candidato democrata a vencerá. Contudo ele será assassinado durante o mandato." Esse presságio se tornou tragicamente verdadeiro em 22 de novembro de 1963, quando o Presidente Kennedy foi morto em Dallas. Na verdade, Jeane Dixon já tinha tido várias premonições relacionadas com a morte do presidente, a primeira das quais ocorreu em 1952. No dia em que o Presidente Kennedy foi baleado, Jeane Dixon teve uma visão da Casa Branca envolta num manto negro. No café da manhã daquele dia ela afirmou, "Hoje é o dia — hoje é o dia; tem que acontecer".[18] De fato, Jeane Dixon tinha previsto anteriormente a morte de outro presidente. Em novembro de 1944, o Presidente Roosevelt a convidou para uma visita à Casa Branca e lhe perguntou quanto tempo de vida lhe restava. Dixon lhe respondeu que seriam seis meses ou menos. O presidente faleceu cinco meses depois.[19]

Uma menina de nove anos, que vivia no País de Gales, teve uma premonição perturbadora. Ela comentou com a mãe: "Mamãe, não tenho medo de morrer porque estarei com Jesus."

"Por que você está dizendo isso?" a mãe perguntou.

"Porque tudo está muito escuro em volta de mim", ela respondeu. Na manhã seguinte, 21 de outubro de 1966, a parte superior de uma enorme pilha de escória deslizou pela encosta de uma montanha, matando 128 crianças na escola de Aberfan. A menina foi soterrada pela avalanche.[20] Depois do desastre da mina de Aberfan, o jornal *London Evening Standard* perguntou a seus leitores se estes tinham tido quaisquer premonições a respeito daquela tragédia. Setenta e seis pessoas escreveram alegando conhecimento anteriormente à ocorrência. Vinte e quatro dessas pessoas haviam contado suas premonições a outras antes do acidente. Muitas se referiram a uma substância preta e viscosa, e um homem mencionou o nome "Aberfan".[21]

De longe, as experiências premonitórias mais comuns são aquelas ligadas a desastres. Em muitos casos, o conhecimento prévio deles aparentemente pode evitar a tragédia. A Dra. Louisa E. Rhine registrou o caso de uma mãe que teve um sonho; nele, uma violenta tempestade, que iria cair dali a duas horas, faria com que um pesado lustre se desprendesse do teto e caísse sobre a cabeça de seu filho. No sonho, ela viu que o bebê tinha morrido. Acordou o marido e lhe contou o sonho. O marido lhe disse que o sonho era bobagem e que ela deveria esquecê-lo. Como o tempo fora de casa estava calmo, a mulher acreditou que seu receio era infundado mas, mesmo assim, levou o bebê para a cama com ela. Duas horas depois, exatamente no momento especificado no sonho, o lustre caiu onde a cabeça do bebê deveria estar. Sua ação salvou a vida do bebê.[22]

É até mesmo possível que algumas pessoas intuitivamente evitem desastres, sem saber que o estão fazendo. Um pesquisador norte-americano, William E. Cox, investigou 28 acidentes ferroviários sérios. Descobriu que o número de passageiros nos dias dos acidentes foi significativamente mais baixo do que o de passageiros que viajaram no mesmo dia da semana nas semanas anteriores. Algumas pessoas perderam a hora, outras decidiram não ir trabalhar naquele dia, outras ainda se sentiram mal nos dias em que os acidentes ocorreram, ou por qualquer outra razão decidiram não viajar nos dias críticos.[23]

Essa hipótese parece explicar a experiência de Sir Alec Guinness, o famoso ator. Enquanto atuava numa peça de teatro em Londres, ele assistia a uma das primeiras missas da manhã todos os domingos, antes de voltar para sua casa no interior pelo trem das 9:50. Normalmente ele se levantava cedo, mas para se certificar de que não perderia a missa, punha dois despertadores para tocar. Um dia, ele não acordou quando os despertadores tocaram e confundiu a hora ao acordar. Somente na igreja ele percebeu que assistia ao serviço das nove horas e que iria perder seu trem habitual para casa. Ao chegar à estação e comprar a passagem para um trem que partiria mais tarde, soube que o trem que perdera tinha descarrilado. Mais tarde, descobriu que o vagão da frente, onde sempre viajava, tinha tombado e vários de seus ocupantes haviam sido levados para o hospital.[24]

O presente capítulo não estaria completo se deixássemos de mencionar o homem que, possivelmente, foi o maior vidente de todos os tempos, Michel de Nostredame, mais conhecido como Nostradamus (1503-1566). Muitas pessoas argumentam que suas profecias foram escritas de tal maneira que poderiam significar qualquer coisa. De fato, isso era imprescindível. Prever acontecimentos futuros constituía uma ocupação perigosa e Nostradamus foi forçado a colocar seus presságios em termos que só um pequeno grupo de pessoas, com mais conhecimento, poderia compreender. Um de seus sucessos menos importantes sempre me divertiu. Ele estava hospedado num castelo de Lorena cujo proprietário era o Senhor de Florinville, um homem cético quanto a profecias. Para provar que ninguém poderia prever acontecimentos futuros, ele levou Nostradamus para ver dois leitões, um branco e o outro preto, e lhe pediu para prever o futuro de ambos. "O senhor comerá o preto e um lobo comerá o branco", Nostradamus disse. O fidalgo estava determinado a provar que Nostradamus tinha errado. Pediu a seu cozinheiro que matasse o leitão branco e o servisse no jantar daquela noite. O leitão foi morto e assado, e deixado sobre uma mesa para ser guarnecido. Quando o cozinheiro saiu da cozinha, um filhote de lobo que alguns dos servos estavam tentando amansar entrou e o comeu. Conseqüentemente, o cozinheiro matou o leitão preto e o serviu no jantar ao invés do branco. Ao saborearem a refeição, o dono do castelo teve grande prazer em poder contar a Nostradamus que sua predição não se concretizara e que eles estavam comendo o porco branco. Nostradamus insistiu que o porco que comiam era o preto. O cozinheiro foi chamado e confirmou que Nostradamus tinha, de fato, acertado.[25] As profecias de Nostradamus são até hoje dignas de cuidadosos estudos. Cem anos antes de William Lilly, ele previu a Grande Peste e o Incêndio de Londres, e quatrocentos anos antes de Jeane Dixon ele profetizou a morte do Presidente Kennedy.[26]

Desenvolva Sua Própria Capacidade de Precognição

Como você viu, as premonições podem ocorrer com qualquer pessoa. Você não precisa ser Nostradamus ou Joana D'Arc para receber mensagens precognitivas. Na verdade, durante sua vida, provavelmente teve centenas, senão milhares, de premonições em seus sonhos. A maioria destas pode ter sido de pouca importância, mas se você as tivesse anotado naquele momento, teria sido capaz de verificar sua ocorrência.

O sonho premonitório de Abraham Lincoln a respeito de sua morte é bem conhecido. Ele contou à esposa e a um amigo, Ward H. Lamon, que tivera um sonho estranho no qual ouvia ruído de choro. Em seu sonho, Lincoln andou de sala em sala por toda a Casa Branca até chegar à Sala Leste. Ali "me esperava uma surpresa muito desagradável. Diante de mim se encontrava um catafalco sobre o qual repousava um corpo envolto em vestimentas fúnebres. Ao redor dele viam-se soldados que estavam exercendo a função de guardas; havia ainda uma multidão de pessoas, algumas olhando com tristeza para o corpo".[27] O rosto estava coberto e Lincoln perguntou de quem era aquele corpo. Responderam-lhe que o presidente tinha sido morto por um assassino. Uma semana depois, em 14 de abril de 1865, o sonho se tornou realidade quando Abraham Lincoln foi assassinado por John Wilkes Booth.

Samuel Clemens, que mais tarde ficaria mundialmente famoso como o autor Mark Twain, teve um sonho no qual seu irmão, Henry, que trabalhava no mesmo barco a vapor do Rio Mississippi que ele, morria. Em seu sonho, Henry estava deitado num caixão de metal. Um ramo de flores brancas, com uma rosa vermelha no centro, havia sido colocado em seu peito. Ao acordar, Clemens contou o sonho à irmã; depois, contudo, o descartou como sendo um sonho estranho mas sem significado. Quando voltou para a barcaça descobriu que tinha sido transferido para outra. Despediu-se de Henry e os dois irmãos combinaram de se encontrar em Memphis. O barco de Henry, o Pennsylvania, partiu um dia antes que o A. T. Lacey, o vapor para o qual Clemens tinha sido transferido. Ao chegarem a Memphis ficaram sabendo que o Pennsylvania pegara fogo um pouco antes de atracar. Clemens encontrou o irmão, seriamente ferido, num hospital de campanha. Permaneceu ao lado de Henry durante quatro dias e quatro noites até este falecer. No momento em que chegou à casa funerária local viu que estava lotada de corpos das outras vítimas. Henry era o único num caixão de metal. Aquilo, lhe disseram, era um presente das senhoras de Memphis que tinham ficado impressionadas com a juventude e a boa aparência de Henry. Enquanto observava o irmão, uma mulher se aproximou do caixão e colocou um buquê de flores brancas, com uma única rosa vermelha no centro, em seu peito.

A maioria das premonições que nos chegam sob a forma de sonhos está ligada a algum tipo de desastre. Entretanto, boas notícias também podem ser recebidas por meio dos sonhos. O falecido Sir Ernest Wallis Budge (1857-1934) foi uma autoridade internacional em línguas antigas; ele passou trinta anos como curador do Departamento de Antiguidades Egípcias do Museu Britânico. Muitos de seus livros ainda são publicados. Ele considerava um sonho de sorte que tinha tido como o ponto focal de toda a sua vida. Quando era estudante na Universidade de Cambridge, Budge participou de uma competição envolvendo idiomas orientais. O prêmio consistia numa bolsa de estudos que lhe permitiria continuar a estudar. Budge estava desesperado para vencer a competição e estudou tanto que na noite anterior à competição foi para a cama mental e fisicamente exausto. Ele sonhou que estava fazendo a prova num galpão e não numa sala de aula. Um examinador lhe apresentou as questões, que estavam escritas em longas tiras de papel verde, tirando-as de um envelope em seu bolso. Algumas delas continham textos que precisavam ser traduzidos. Budge pôde perceber que as perguntas em si eram fáceis de responder, porém os textos estavam escritos em acádio, uma língua pouco conhecida. No sonho, Budge entrou em pânico, achando que não seria capaz de traduzi-los. Isso o acordou. Adormeceu outra vez e o sonho se repetiu. No final do sonho ele acordou, adormeceu novamente e teve o mesmo sonho mais uma vez. Depois do terceiro sonho, Budge olhou para o relógio de cabeceira e viu que passava um pouco das duas horas da manhã. Pensou sobre o sonho e se lembrou que os textos a serem traduzidos se encontravam num livro que ele tinha no seu estúdio. Levantou-se e estudou os mesmos até a hora de sair para a prova.

Budge chegou cedo, mas a sala de aula estava lotada. Ele foi levado para uma pequena sala com a aparência exata de um galpão. Ela continha uma cadeira e uma mesa, exatamente como as que tinha visto no sonho. O examinador entrou, tirou quatro tiras de papel verde de um envelope que levava no bolso e as entregou a Budge. As perguntas e os textos que iria traduzir eram rigorosamente iguais aos que tinha visto no seu sonho. Como estudara aqueles textos durante várias horas antes da prova, Budge ganhou a competição facilmente e pôde abraçar a carreira pela qual lutara por muitos anos.[28]

Os sonhos de Abraham Lincoln e Mark Twain foram bastante divulgados, sendo lembrados não somente porque as pessoas que os tiveram

eram famosas, mas também pelo fato de ambos terem sido contados a outras pessoas antes que as tragédias ocorressem. E. A. Wallis Budge não relatou seu sonho a outras pessoas até bem depois dos acontecimentos. Entretanto, sonhos precognitivos não são exclusividade dos famosos. Aparentemente, todos nós os temos.

Em 1927, J. W. Dunne escreveu um livro chamado *An Experiment With Time*, no qual são descritos vários de seus próprios sonhos precognitivos.[29] Ele achava que a vida era semelhante a um filme passando através de um projetor. Sua hipótese era de que em nossos sonhos podemos nos adiantar e ver o que há no rolo de filme, antes mesmo de ele ser projetado. Para os leitores, o aspecto mais estimulante desse livro é o fato de que os sonhos de Dunne continham predições normais, da vida diária. Eles pressagiavam, em sua maior parte, o que iria lhe acontecer no dia seguinte. Incluíam impressões surpreendentemente precisas do que ia ocorrer mas, ao mesmo tempo, eram cheios de erros e distorções. Dunne acreditava que todos têm sonhos precognitivos, mas os esquecem assim que acordam. Seu conselho era que se mantivesse um bloco de papel e uma caneta na mesa de cabeceira, e que a pessoa anotasse tudo que pudesse lembrar assim que acordasse.

Esse conselho ainda é tão válido hoje quanto o foi em 1927, embora atualmente muitos prefiram gravar seus sonhos numa fita cassete. Todos nós sonhamos, porém os sonhos normalmente desaparecem de nossa lembrança quando nos levantamos. Se você acha difícil relembrar seus sonhos, fique deitado sem se mexer durante alguns minutos e observe o que lhe vem à mente. Talvez você ache melhor realizar experiências desse tipo nos fins de semana ou em qualquer outro momento, quando não precisará levantar-se da cama assim que acordar. Uma vez que desenvolva o hábito de anotar seus sonhos, irá descobrir rapidamente quantos deles predizem aspectos do seu futuro. Você também irá descobrir quanto tempo, em média, leva para que esses prognósticos se realizem. Por exemplo, avisos por meio dos sonhos podem parecer lidar com o futuro imediato, mas estar, na verdade, relacionados com alguma coisa que ocorrerá depois de alguns meses. O registro de seus sonhos o capacitará a situar seus sonhos precognitivos no tempo com muito maior precisão do que seria possível na ausência de anotações.

Retrocognição

Retrocognição é a capacidade que você tem de adivinhar acontecimentos passados que não se encontram na sua memória. O relato mais extraordinário de retrocognição que encontrei envolveu dois antigos membros residentes de Oxford, Annie Moberly e Eleanor Jourdain. Quando elas visitaram Versalhes foram subitamente transportadas de volta ao século XVIII, no qual puderam vivenciar cenas, sons e pessoas que estavam lá na época de Maria Antonieta e do Rei Luís XVI. As pessoas que encontraram — jardineiros, aldeões, nobres, homens e mulheres — vestiam roupas corretas para aquela era e falavam um francês ultrapassado e arcaico. Elas viram até mesmo construções que existiam naquele período, mas que tinham sido demolidas mais tarde. Ambas as mulheres afirmaram ter se sentido nervosas e ansiosas enquanto passavam por aquela estranha experiência. Publicaram seu relato do que havia acontecido em *An Adventure in 1911*, usando os pseudônimos de Miss Morison e Miss Lamont. Muitas pessoas se mostraram céticas quanto à sua história, porém novos detalhes sobre Versalhes em 1770 vieram à luz desde que elas escreveram o livro e, até agora, cada pormenor de suas experiências provou estar correto.[30]

Você usa a retrocognição o tempo todo, mas provavelmente pensa que ela é apenas uma função de sua memória. Lembre-se de alguma ocasião em que acidentalmente encontrou uma pessoa que ficara longo tempo sem ver. O nome da pessoa não lhe ocorre e então você pensa mentalmente no lugar onde a viu pela última vez. Poderia ser um restaurante ou o local de trabalho dessa pessoa, talvez. Ao fazer isso, várias associações lhe vêm à mente para ajudá-lo a se lembrar do nome da pessoa. Apenas uma é necessária, porém talvez você precise criar um quadro mental com várias associações antes que o nome lhe ocorra subitamente.

Você está usando sua imaginação para reviver mentalmente cenas do seu passado. Nem todas essas cenas podem ter ocorrido. Talvez esteja imaginando essa pessoa no seu ambiente familiar, numa tentativa de adivinhar seu nome. Conseqüentemente, estará criando uma lembrança psíquica do passado; isso é conhecido como retrocognição.

Tive um exemplo desse fenômeno recentemente. Eu estava fazendo uma palestra no Rotary Clube quando percebi que havia alguém no auditório que eu conhecia. Fazia muitos anos que não o via, e não tinha idéia de que ele pertencesse a esse clube em particular. À medida que a palestra prosseguia, eu continuava a pensar em seu nome. Comecei na direção errada, tentando visualizá-lo no trabalho. Isso não produziu nenhuma associação. Depois, me perguntei se ele teria assistido às minhas aulas sobre o desenvolvimento da paranormalidade. Mais uma vez, nada me ocorreu. Imaginei que ele talvez tivesse sido um cliente meu, a quem eu havia submetido a sessões de hipnoterapia, mas não encontrei qualquer ligação dessa natureza. Pensei em algumas outras possibilidades e, então, imaginei se o teria conhecido em alguma ocasião social. Instantaneamente, a ligação ficou clara. Cerca de vinte anos antes um vizinho daquela época tinha dado uma festa e eu conhecera esse homem ali. Assim que me lembrei disso, seu nome veio à minha mente e, quando a palestra terminou, pude cumprimentá-lo chamando-o pelo nome.

Você poderá utilizar a mesma técnica para investigar o futuro. A precognição, como sabe, é uma visão psíquica do futuro. Em vez de olhar para trás e lembrar de fatos esquecidos, você observa o que está à frente, substituindo a lembrança pela visão. Você pode fazer isso tanto no que se refere a assuntos do cotidiano quanto em questões importantes. Suponha que esteja planejando um jantar para alguns amigos e não tem certeza se um determinado casal se dará bem com os outros convidados. Sente-se confortavelmente, feche os olhos e projete-se no futuro, para a noite da reunião que se propõe realizar. Veja-se sentado à mesa da sala de jantar com seus convidados e visualize o que está ocorrendo. Provavelmente, você irá captar trechos de conversa e, com certeza, perceberá a atmosfera e os sentimentos que prevalecerão naquela noite. Como resultado desse exercício, você estará em condições de tomar uma decisão acertada sobre se deve ou não convidar aquele casal.

Naturalmente, no caso de algo corriqueiro, como um jantar, as impressões poderão ser tênues. Contudo, se o assunto for importante, as impressões que receber certamente serão bastante incisivas. Você poderá ter-se visto numa situação em que foi alertado para um perigo iminente. Obviamente, nessas circunstâncias, a impressão será extremamente forte.

Há mais ou menos vinte anos saí à noite para um passeio por Suva, capital de Fiji. Eu tinha visitado a cidade muitas vezes antes e sempre me sentira em segurança na região. Enquanto caminhava, um fijiano alto e encorpado saiu das sombras e começou a andar do meu lado. Ele tinha uma conversa agradável e eu levei um tempo para perceber que ele estava me levando para uma parte mais pobre da cidade, que eu não conhecia. Tive um súbito sentimento de alerta. Disse boa-noite ao homem e rapidamente refiz meus passos. Ao voltar para o meu hotel me perguntei se teria sido excessivamente cauteloso. Entretanto, no dia seguinte soube que outro turista tinha sido atacado e roubado apenas uma hora após a minha retirada intempestiva. Naquele caso, não esperei para receber uma imagem mental do que poderia acontecer. A sensação de perigo iminente foi tão forte que eu imediatamente reagi a ela.

O Desenvolvimento da Precognição

Este é um exercício agradável que você pode fazer quando desejar. Como já sabe, muitas pessoas têm sonhos que predizem o futuro. Isso ocorre porque o corpo está relaxado, a mente consciente em repouso, e a mente subconsciente está disponível para receber mensagens da mente universal. O exercício seguinte lhe permitirá chegar a esse estado mesmo acordado.

Assegure-se de que não será perturbado durante pelo menos trinta minutos. Sente-se confortavelmente, feche os olhos e permita que sua mente recue lentamente, até que você se lembre de um acontecimento do seu passado. Não faz diferença o tempo que passou desde que essa experiência ocorreu. Pode ter sido ontem, na semana passada ou trinta anos atrás. Lembre-se dela tão claramente quanto lhe for possível. Você provavelmente terá que usar sua imaginação para ajudá-lo a criar alguns dos detalhes, porém tente visualizar a situação da maneira exata como ela se apresentou.

Quando tiver visualizado mentalmente essa cena com sucesso, permita-se avançar no tempo, de modo que você possa ver uma cena do seu futuro. Poderá visualizar algo que irá acontecer no dia seguinte ou depois de alguns dias, ou desejar observar seu futuro daqui a vários anos. É melhor começar vendo o futuro próximo, uma vez que você estará em condições de confirmar a precisão de suas observações quase imediatamente. À medida que for ganhando confiança e experiência, será capaz de visualizar cenas que estão mais distantes no futuro. Obviamente, estará usando sua imaginação, mas as cenas que observar se basearão naquilo que você já conhece. Esta técnica utiliza todo o conhecimento e experiência que obteve durante a vida e os projeta no futuro. Naturalmente, a prática é necessária para desenvolver sua capacidade de ver o futuro. Seu índice de sucesso aumentará à medida que ganhar confiança e aprimorar sua habilidade.

Evidentemente, haverá ocasiões em que não ficará contente com o que vir. Felizmente, você poderá mudar seu futuro. Comece pelo presente e pense nas mudanças que pode realizar agora para alterar a progressão natural que iria de outro modo ocorrer. É extremamente útil analisar com regularidade seu próprio futuro para certificar-se de que você está atraindo para si todas as coisas boas da vida.

Tive um exemplo impressionante disso há cerca de trinta anos. Um rapaz me procurou para uma leitura da palma da mão. Na linha de sua vida eu vi vários pequenos quadrados. O tipo de figura apontava diversos períodos de confinamento. Aquela era uma forte indicação de que ele iria passar uma grande parte de sua vida futura na prisão. Eu lhe disse o que os quadrados significavam e sugeri que mudasse a sua maneira de viver. Quando ele voltou vários meses mais tarde para uma nova leitura, os quadrados tinham desaparecido. Aquele homem havia, obviamente, pensado sobre sua vida, mudado seu comportamento e, de maneira efetiva, alterado toda a sua vida futura.[31]

Esse é um dos grandes benefícios resultantes de se procurar conhecer o próprio futuro. Você perceberá a mudança ocorrendo em muitos aspectos de sua vida, uma vez que comece a usar suas aptidões precognitivas regularmente. Sentirá que tem maior controle das coisas e um sentido mais claro do seu caminho. É um milagre ser capaz de controlar e dirigir assim a sua vida. Entretanto, o milagre real é mais pessoas não estarem usando essa habilidade natural para melhorar a qualidade da própria vida.

Seis

O Milagre da Magia

Quando você usa os métodos dos kahunas e age de acordo com a sua intuição, está empregando uma forma de magia. Esta, em geral, é vista como uma seqüência de ações que permite à pessoa que as realiza fazer uso dos poderes místicos do universo para obter aquilo que deseja. A magia poderia ser descrita como o estabelecimento de um objetivo e a realização de determinadas ações que irão simbolizar a conquista desse objetivo. Ela constitui um ato de criação e possibilita que seus sonhos se tornem realidade. Nesse sentido, a magia é um milagre.

Objetos sagrados, talismãs e feitiços podem estar envolvidos no processo mágico; conseqüentemente, algumas pessoas acreditam que a magia seja maléfica. A magia negra pode ser usada para prejudicar pessoas, porém a magia branca é realizada somente com bons propósitos. É nesta última que estamos interessados aqui.

A magia tem sido definida de muitas maneiras diferentes. O conhecido ocultista e autor do século XX, Aleister Crowley, definiu magia como "a Ciência e a Arte de fazer com que Mudanças ocorram, em conformidade com a Vontade".[1] Florence Farr, importante figura da Order of the Golden Dawn [Ordem da Aurora Dourada], escreveu: "A magia consiste em remover as limitações daquilo que pensamos serem as leis terrenas e espirituais, que nos prendem ou nos compelem. Podemos ser qualquer coisa porque somos Tudo."[2] Em outras palavras, a magia consiste em atrair para nós qualquer coisa que quisermos. A habilidade de fazer isso sistematicamente é com certeza miraculosa, mas está dentro dos limites da possibilidade para qualquer pessoa disposta a se esforçar no sentido de obtê-la. Alguém capaz de controlar sua própria vida e orientá-la para metas específicas é um mago.

A magia utiliza os níveis mais profundos do inconsciente para efetuar mudanças no mundo material. Não há nada de estranho, mau, demoníaco ou sobrenatural nisso. O mago é alguém que sabe como dominar as leis da natureza e como conduzi-las mediante o poder da sua vontade. Todos fazem isso inconscientemente algumas vezes. Se você estabeleceu um propósito e o alcançou, usou a magia com sucesso. Ao decidir fazê-lo conscientemente, estará dando os primeiros passos no sentido de se tornar um mago.

A magia se reporta à pré-história da humanidade, quando as pessoas dançavam, entoavam cânticos e realizavam cerimônias numa tentativa de influenciar a natureza. Elas conduziam rituais para afastar trovões e relâmpagos, assegurar a fertilidade, permitir que os caçadores capturassem suas presas e para apaziguar os deuses. Na verdade, como tanto a magia quanto a religião se preocupam com os efeitos das forças externas sobre os seres humanos, ambas têm estado inextricavelmente ligadas desde o início.

Os antigos egípcios efetivamente combinavam religião e magia, usando palavras mágicas, amuletos e talismãs para ajudar seus seguidores a encontrarem o próprio caminho depois da morte. Muitos textos antigos do Egito e da Mesopotâmia sobre o assunto sobrevivem até hoje; eles contêm encantos para diferentes situações, variando desde como conseguir uma boa colheita até a invocação dos espíritos dos mortos.

Os cultos secretos gregos incluíam a magia em seus rituais; papiros datados dos primeiros quatro séculos da era cristã trazem instruções pormenorizadas quanto às purificações e preparações necessárias para se obter bons resultados.

Os romanos também se mostraram vividamente interessados na magia, começando a usá-la com propósitos pessoais, tais como a vitória nos esportes, nos negócios e no amor.

A magia continuou a fazer parte da cultura popular, porém quase desapareceu do cenário até a Idade Média. Em 1320 d.C. uma bula papal a definiu como heresia. A Igreja acreditava que a magia estava envolvida em pactos com o diabo e seus demônios. Por causa disso, a Inquisição acusou muitas pessoas de participarem de Missas Negras e de Conciliábulos de Bruxas.

Entretanto, a magia, como parte da tradição alquímica, sobreviveu silenciosamente; magos, entre os quais Cornelius Agrippa e John Dee, puderam prosseguir em suas carreiras, sofrendo apenas uma moderada interferência por parte da igreja e do estado. O público em geral aceitava a magia e os magos, e consultava essas pessoas especiais sempre que necessário. Em 1552, o bispo Hugh Latimer (c. 1485-1555) escreveu: "Muitos de nós, quando temos problemas, estamos doentes ou perdemos alguma coisa, corremos aqui e ali à procura de bruxos ou feiticeiros, a quem chamamos de homens sábios... buscando ajuda e conforto em suas mãos."[3] Robert Burton escreveu em seu livro clássico, *Anatomy of Melancholy*: "Feiticeiros são muito comuns; homens astuciosos, mágicos e bruxas brancas, como são chamadas, em cada aldeia que, se forem procuradas, ajudarão em quase todas as enfermidades do corpo e da mente."[4]

No século XIX, a atitude popular diante da magia mudou, e as pessoas passaram a considerá-la como uma prática supersticiosa, adotada por seres primitivos. Nos últimos cem anos houve um ressurgimento do interesse pelo assunto e hoje, mais do que nunca, as pessoas estudam e praticam a magia.

Primeiro Contato com a Magia

A magia pode, potencialmente, mudar a sua vida para melhor. Quer dizer, você vai assumir o controle de sua própria vida para atingir metas específicas. Você pode voltar seus olhos para quase qualquer coisa, desde que isso não fira nem se imponha aos direitos dos outros. É evidente que precisará ser realista. Se tiver 45 anos de idade, estiver acima do seu peso e não souber nadar, é extremamente improvável que possa algum dia representar seu país em competições de natação. Por outro lado, se for um adolescente em excelentes condições físicas e um bom nadador, poderia usar a magia para ajudá-lo a alcançar seu objetivo na natação.

De maneira semelhante, a magia poderá auxiliá-lo se sua meta for encontrar amor e romance. Entretanto, não deve usá-la para coagir uma determinada pessoa a se apaixonar por você. Isso poderia satisfazer seus desejos, mas estar em completa contradição com o que a outra pessoa quer. Magia desse tipo é magia negra e a maioria das pessoas que se ocupa com ela paga um preço muito alto pela sua insensatez. Dion Fortune

(1891-1946), famosa ocultista e escritora, afirmou: "Qualquer tentativa de dominar outras pessoas ou, de alguma maneira, manipular a mente delas sem seu consentimento é uma intrusão injustificável em seu livre-arbítrio e um crime contra a integridade da alma."[5] Portanto, quando estiver utilizando a magia para atrair amor, você deverá enviar uma mensagem ao universo, na qual irá lhe revelar que está procurando um tipo de pessoa em particular. Poderá ser tão específico quanto desejar, mas sem mencionar uma determinada pessoa. Além de ser prejudicial, isso também irá limitá-lo. Ao executar eticamente um ritual mágico você poderá atrair alguém muito melhor do que a pessoa que lhe interessa no momento.

A magia atua mobilizando a mente consciente e inconsciente. Com ela, você cria um desejo e o transmite para a mente inconsciente, a qual age sobre ele, tornando-o realidade. Como pode ver, os métodos usados pelos kahunas são uma forma de magia.

Poder-se-ia perguntar por que a mente inconsciente age em relação a qualquer desejo que é enviado para ela. Temos dezenas de milhares de pensamentos todos os dias, a maior parte dos quais é ignorada pela mente inconsciente. Com a magia, você conscientemente transmite o desejo ao seu inconsciente, usando toda a energia e poder que conseguir mobilizar. Isso é criado pela execução do ritual mágico. O inverso também ocorre. Quando você adormece sua mente consciente fica em repouso, mas o inconsciente permanece ativo e envia pensamentos e idéias para você em seus sonhos. O mesmo acontece na meditação e na auto-hipnose. Qualquer impressão, sentimento ou percepção súbita que chega até você enquanto está ocupado com atividades da vida diária é um exemplo de informação que foi enviada à sua mente consciente pelo seu inconsciente. Ele trabalha incessantemente por você. Normalmente, a transferência de informações flui numa só direção, porém com a magia você pode inverter esse fluxo para atingir suas metas e realizar seus sonhos.

Encontre o Ambiente de Trabalho Correto

Você precisará de privacidade para pôr sua magia em ação. O ambiente ideal seria uma sala ou um quarto reservado exclusivamente para essa finalidade, mas esse é um luxo que está ao alcance de poucas pessoas. A maioria usa o quarto de dormir ou a sala de estar. Uma mesa ou um banco pode se tornar um altar temporário; objetos sagrados, como velas e fotografias, podem ser dispostos sobre o altar durante o ritual e depois guardados. Eu gosto de trabalhar ao ar livre durante os meses de verão; obviamente, também tenho um espaço sagrado dentro de casa, que utilizo quando está ventando, chovendo ou fazendo frio.

Você irá necessitar de uma bússola para determinar os quatro pontos cardeais. Antes de iniciar o trabalho mágico, poderá aspergir uma pequena quantidade de água salgada nesses pontos para purificar o espaço.

Sempre que possível, tome um banho antes de começar qualquer ritual mágico. Use roupas largas e confortáveis. Um roupão, feito de fibras naturais e usado somente para o trabalho mágico, seria ideal. Muitas pessoas gostam de trabalhar nuas. Ao tirar a roupa, elas simbolicamente se despem de todas as preocupações e ansiedades da vida diária.

Prepare-se para Começar

Você precisa estar relaxado para obter os melhores benefícios com o seu trabalho mágico. Gosto de fazer alguns exercícios simples de alongamento antes de iniciar o ritual. Depois, eu me sento confortavelmente e respiro, devagar e profundamente, várias vezes. Conto até cinco enquanto inspiro, prendo o ar, conto até cinco e expiro, também contando até cinco.

Finalmente, fecho os olhos e conscientemente relaxo todos os músculos do meu corpo, começando com os pés e subindo pelo corpo até o alto da cabeça. Em seguida, percorro mentalmente todas as partes do meu corpo para me certificar de que estou inteiramente relaxado. Concentro-me em quaisquer áreas de tensão que ainda existam, esperando que esta seja finalmente liberada. Quando me sinto completamente solto, com os músculos frouxos, flexível como um boneco de pano, abro os olhos e estou pronto para começar.

Início do Ritual Mágico

Preparo-me para o ritual sempre da mesma maneira. Por causa disso, sinto que estou totalmente relaxado logo que inicio as cinco respirações profundas. Iniciar o ritual sempre do mesmo modo, fez com que este se tornasse familiar e confortável para mim, além de me ajudar a ficar mentalmente preparado para o que vem depois.

Uma vez que esteja inteiramente relaxado, você poderá orientar o ritual para qualquer direção que preferir. Se não tiver nenhum objetivo em mente, poderá usar esse tempo para meditação e contemplação. Provavelmente, obterá muitas percepções intuitivas úteis como resultado. Alternativamente, talvez queira se dedicar à visualização guiada, à cura de alguém a distância ou à realização de um encantamento.

Meditação

O objetivo da meditação é aquietar a mente e o espírito, e criar um estado de serenidade e desapego. Quando você atinge esse estado, está preparado para receber mensagens do seu inconsciente. Isso não é tão fácil quanto parece; tenho conhecido muitas pessoas que estão convencidas de que não conseguem meditar. Essa incapacidade não é verdadeira. Qualquer pessoa pode desenvolver a habilidade da meditação; ela, contudo, exige prática.

Encontre uma posição tão confortável quanto possível. Feche os olhos e respire várias vezes, lenta e profundamente, segurando o ar durante um ou dois segundos a cada respiração, antes de soltá-lo também lentamente. Respire pelo nariz e sinta o ar entrando e saindo pelas suas narinas.

É provável que você se distraia com facilidade, especialmente nas primeiras tentativas. Quando perceber que seus pensamentos estão ficando dispersos, simplesmente concentre-se na sua respiração, para focalizá-los novamente na meditação. Isso irá acontecer com freqüência nas primeiras vezes em que praticá-la, mas depois de algumas semanas de dedicação diária, você irá descobrir que é simples passar diretamente para um estado meditativo.

Se for como a maioria das pessoas, você sentirá diferentes partes do corpo coçarem. Ignore a coceira se puder. Se tiver uma necessidade desesperada de se coçar, faça-o, mas depois retorne imediatamente para a sua meditação. Depois de algum tempo, poderá se sentir desconfortável. Mais uma vez, ignore o desconforto, se possível, porém mude de posição se isso for absolutamente inevitável.

Você verá que a meditação praticada regularmente o ajudará a abrir os canais entre a sua mente consciente e a inconsciente; diversas idéias e símbolos lhe ocorrerão enquanto estiver nesse estado. Tente não avaliá-los durante a meditação. Guarde-os na memória para pensar sobre eles mais tarde.

Acho comparativamente simples entrar num estado de meditação quando estou caminhando. Não tenho certeza se isso se deve ao fato de eu andar todos os dias, pois acho as caminhadas revigorantes, agradáveis e úteis para o meu corpo e para a minha alma, ou por usar o tempo que gasto andando para pensar tranqüilamente sobre as coisas que estão acontecendo na minha vida. Concentre-se na sua respiração e comece a andar, dando passadas regulares e intencionais. Depois de algum tempo você perceberá, subitamente, que entrou em estado meditativo. A parte mais difícil desse processo é ignorar tudo aquilo que o distrai, impedindo-o de alcançar a meditação.

Um de meus métodos favoritos, o qual uso bastante, é a meditação com velas. Tudo que você precisa é de uma única vela. Sempre guardo uma variedade de cores para poder escolher; ocasionalmente, escolho deliberadamente uma determinada cor. Outras vezes, a vela parece me escolher, e me vejo acendendo uma vela de uma cor em particular, sem que eu a tenha escolhido conscientemente. Se estiver indeciso quanto à cor, seleciono uma vela branca. O branco pode ser usado em qualquer momento e com qualquer propósito na magia com velas.

Coloque a vela, no seu respectivo suporte, sobre o seu altar e acenda-a. Sente-se confortavelmente numa cadeira a uma certa distância do altar. Você deve poder olhar para a vela sem levantar ou baixar a cabeça. Respire profundamente algumas vezes, enquanto observa a chama, e deixe seu corpo relaxar. Concentre-se no ar que entra e sai pelas narinas e, ao mesmo tempo, continue a olhar firmemente para a chama. Feche os olhos sempre que eles quiserem se fechar. Gradualmente, perceberá que está entrando num estado alterado de consciência, no qual idéias, percepções e intuições irão fluir para a sua mente consciente.

Quando estiver pronto para terminar a meditação, respire três vezes, lenta e profundamente, estire os membros e pense sobre o que lhe veio à mente durante a mesma. Depois, levante-se e apague a vela.

Um método alternativo de meditação com velas é se sentar em frente da chama por alguns minutos e observar a mudança nas suas formas e cores. A seguir, você deverá fechar os olhos e tentar capturar a imagem da vela na sua mente. Mantenha essa imagem pelo tempo que conseguir. Quando ela desaparecer, permaneça receptivo a quaisquer percepções que tiver.

O Admirável Pêndulo

O humilde pêndulo é um recurso útil, que pode ser usado de muitas maneiras diferentes. No seu aspecto mais básico, é um pequeno peso atado a um fio. Minha mãe costumava usar sua aliança de casamento, suspensa num fio de algodão, como pêndulo. Eu possuo uma enorme coleção de pêndulos porque meus filhos normalmente me compram pequenos objetos, presos a correntes, como presentes de aniversário ou de Natal. Tenho, ainda, vários pêndulos fabricados com fins comerciais, que comprei em lojas de artigos para a Nova Era. Faça experiências com diferentes tipos de pêndulos. Um bom exemplar deve ser atraente ao olhar, fácil de usar e pesar cerca de noventa gramas.

Segure o fio do pêndulo entre o polegar e o indicador de sua mão direita. Use a mão esquerda se for canhoto. Apóie o cotovelo numa mesa e posicione sua mão de modo que o peso do pêndulo possa balançar livremente, a poucos centímetros da superfície da mesa.

Pare os movimentos do pêndulo com a mão livre. Pergunte a ele qual é o movimento que indica "sim". O pêndulo fará um destes quatro movimentos: ele poderá balançar para os lados ou para a frente e para trás. Alternativamente, fará um movimento circular, horário ou anti-horário. Seja paciente. Se você não tiver usado um pêndulo antes, talvez demore um ou dois minutos para ele começar a se mover. Quando tiver descoberto a direção que indica uma resposta positiva, pare os movimentos e pergunte que direção indica "não". Uma vez que tenha determinado isso, poderá pedir que ele lhe diga que movimentos indicam "não sei" e "não quero responder".

Depois de anotar o significado de cada movimento, estará pronto para começar a usar o pêndulo. Pergunte-lhe se você é um homem. Se for, o pêndulo deverá lhe dar uma resposta positiva. Pergunte se você tem, por exemplo, 32 anos de idade. O pêndulo se moverá indicando concordância ou discordância.

Quando tiver recebido as respostas corretas a perguntas às quais já sabe responder, poderá passar para o estágio seguinte e abordar perguntas a respeito das quais sente curiosidade. Você poderia perguntar: "Estou me exercitando o suficiente?" ou "Eu deveria fazer uma viagem à Disneylândia?" O pêndulo é fácil de usar, mas você precisa praticar bastante para se tornar eficiente no seu manejo. Utilize-o o máximo possível, porém não se preocupe demasiadamente com as respostas que receber até se sentir totalmente familiarizado com ele.

Você verá que o pêndulo é um instrumento extremamente útil na magia. Se desejar atingir um determinado objetivo, por exemplo, faça perguntas sobre ele ao pêndulo. Poderia perguntar se o seu crescimento espiritual se beneficiaria com a busca de um resultado qualquer. Talvez queira saber se uma de suas metas é viável. Alcançá-la iria ajudá-lo? Suas expectativas são suficientemente elevadas? Haveria conseqüências imprevistas? Todos iriam se beneficiar com a realização desse objetivo?

Você pode perguntar qualquer coisa ao pêndulo. Entretanto, deve permanecer atento para a possibilidade, consciente ou inconsciente, de você influenciar os movimentos do mesmo. Se tiver interesse pessoal pelo resultado, o pêndulo lhe dará a resposta que deseja e não a correta. Minha mãe usava sua aliança de casamento como pêndulo sempre que alguém da família estava esperando bebê e lhe perguntava se a criança que ia nascer era menino ou menina. Na maioria das vezes recebia a resposta correta. Porém, nas ocasiões em que esperava que a criança fosse, por exemplo, uma menina, o pêndulo indicava aquele resultado e não o sexo exato do bebê, qualquer que fosse ele.

O pêndulo é um instrumento de radiestesia. A maior parte das pessoas a considera como um método de localização de água subterrânea, mas, na verdade, a radiestesia pode ser usada para se encontrar quase qualquer coisa. Jacques Aymar utilizou uma forquilha, chamada vareta divinatória, para encontrar a trilha de um criminoso. Com 29 anos, em 1692, Jacques Aymar já era renomado localmente como radiestesista. Entretanto, quando foi bem-sucedido em localizar um dos assassinos de um comerciante de vinhos e de sua esposa, seu nome ficou, de um dia para o outro, conhecido em toda a Europa.

O crime tinha sido particularmente violento e a polícia não encontrou pistas na adega onde fora cometido. Aymar já havia localizado vários criminosos, e o procurador do rei o convocou para que tentasse conseguir evidências por meio da radiestesia.

Aymar usou sua forquilha divinatória para dizer aos policiais exatamente onde o assassinato tinha ocorrido. Depois, saiu pelas ruas, seguido por uma multidão de curiosos. Seu caminho o levou diretamente para um dos portões da cidade, que ficava fechado à noite, de modo que a busca precisou ser adiada até a manhã seguinte.

No outro dia, Aymar e três gendarmes acompanharam a margem de um rio até chegar a um pequeno chalé onde morava um jardineiro. A vareta divinatória de Aymar reagiu energicamente a uma garrafa de vinho vazia e três cadeiras. Aymar disse confidencialmente aos policiais que eles perseguiam três homens, que tinham estado ali tempo suficiente para beber uma garrafa de vinho. Isso foi confirmado pelos dois filhos pequenos do jardineiro.

A caçada continuou até que eles chegaram à prisão da cidadezinha de Beaucaire. Treze prisioneiros, recentemente postos atrás das grades, foram alinhados contra uma parede e a varinha usada por Aymar deu sinal ao ser passada por um deles, um homem corcunda que tinha sido preso apenas uma hora antes. Aymar informou aos gendarmes que aquele homem tinha desempenhado um papel de importância secundária nos crimes.

O prisioneiro, a princípio, negou qualquer conhecimento do assunto, mas acabou confessando depois de ser reconhecido por pessoas que voltavam de Lyon. Era criado dos dois homens que tinham cometido os crimes, e sua função tinha sido carregar a prata e o ouro roubados das vítimas.

O procurador ficou satisfeito com o sucesso e o contratou para encontrar os verdadeiros vilões. Aymar e um grupo de arqueiros seguiram a trilha até o porto de Toulon, onde chegaram com 24 horas de atraso. Os dois assassinos haviam partido para Gênova, Itália, no dia anterior.[6]

Visualização Guiada (Pathworking) — O Caminho da Autodescoberta

As visualizações guiadas são uma maneira efetiva de você explorar sua natureza interior e observar como sua vida será quando tiver alcançado seu objetivo. Sempre que se entrega a um devaneio, você está produzindo algum tipo de visualização. Contudo, a maioria das pessoas não exerce nenhum controle sobre suas divagações; elas sonham acordadas com um amplo espectro de tópicos, sem relação com o que realmente querem da vida. Uma visualização guiada é, como seu nome sugere, um devaneio extenso e orientado, no qual examinamos, sentimos e experimentamos todos os aspectos do tópico que estamos explorando.

Existem duas maneiras de fazê-lo. A primeira é ter uma idéia clara em sua mente de onde quer chegar e o que quer fazer durante o exercício de visualização. O segundo método é gravar em fita cassete tudo o que pretende realizar durante a sessão. Você se senta, relaxa e deixa que a voz na fita o guie através da experiência.

Há vantagens e desvantagens em relação aos dois métodos. Uma fita poderá levá-lo a passar rapidamente por áreas que você gostaria de explorar com maior profundidade. Pelo fato de estar conscientemente menos envolvido, você poderá adormecer durante a sessão. Isso irá ocorrer, em particular se a fita for muito longa. Penso que vinte minutos, do início ao fim, correspondem aproximadamente à duração correta. (A maioria das pessoas pronuncia cerca de 150 palavras por minuto; portanto, se for preparar um roteiro, este não deveria ter mais de três mil palavras.) A principal vantagem de planejar um texto com antecedência é você conhecer os tópicos que serão trabalhados. Na verdade, poderá se certificar de que todos os pontos que lhe interessam serão abordados. Não precisará se preocupar com o fato de poder esquecer algo que gostaria de incluir. Se você nunca tiver usado a visualização guiada antes, é melhor começar com um roteiro gravado e deixar para tentar depois, quando se sentir familiarizado com o processo, as visualizações mais espontâneas.

A desvantagem de não usar um roteiro gravado é a possibilidade de você se deixar desviar por pensamentos aleatórios e acabar se ocupando com uma variedade de assuntos que não se relacionam com o seu propósito final. A principal vantagem que encontro neste método é não ter que preparar nada previamente. Posso decidir começar o trabalho com o caminho sempre que desejar, e fazê-lo sem precisar pegar um gravador e preparar uma fita.

Na prática, uso ambos os métodos. Algumas vezes me dedico a esse exercício à noite na cama. Entretanto, pelo menos 50% das vezes adormeço antes de iniciar a visualização. Por causa disso, normalmente estabeleço um período, durante o dia, para realizá-la. É melhor não se deitar numa cama enquanto praticar a visualização guiada, pois há grande probabilidade de você adormecer. Uma cadeira reclinável constitui uma boa alternativa. Você deve se sentir confortável, mas não excessivamente confortável.

Comece fechando os olhos e respire três vezes profundamente. De maneira consciente relaxe todos os músculos do seu corpo, a partir dos pés; depois, gradualmente suba até o alto da cabeça. Quando se sentir completamente relaxado, percorra seu corpo todo com a mente para certificar-se de que cada parte dele está bem relaxada. Concentre-se em quaisquer áreas que não estejam inteiramente relaxadas. Ao perceber que está o mais relaxado possível, poderá iniciar a visualização.

Nesse estado você poderá fazer qualquer coisa. Poderá reexaminar períodos difíceis de sua vida e verificar se os acontecimentos daquela época estão impedindo-o de alcançar seus objetivos. Terá a possibilidade de avançar para o futuro e se ver desfrutando uma vida cheia de alegria e abundância. Você pode viajar através do tempo e do espaço. Encontrar seus guias espirituais e anjos da guarda. A visualização pode ser uma total fantasia se você desejar. Talvez queira explorar um de seus mitos favoritos, apenas como um observador, ou no papel do personagem principal. Se tiver determinado problema, poderá utilizar uma visualização guiada para passar algum tempo na companhia de pessoas famosas do passado, de maneira que tenha a oportunidade de pedir que o ajudem com suas percepções e sabedoria. Suas visitas podem ser individuais; talvez, pelo contrário, sua visualização o leve a uma sala de reuniões onde todas as pessoas com quem quer conversar estejam sentadas ao redor de uma mesa. Não há limites para o que você é capaz de conseguir.

Quando se sentir preparado para voltar à consciência plena do que o cerca, apenas respire três vezes profundamente e conte devagar de um a cinco, abrindo os olhos ao chegar no fim da contagem. Pense a respeito da visualização durante alguns minutos. Você talvez queira tomar nota de certas passagens e refletir mais sobre certos assuntos que lhe vêm à mente antes de se levantar e continuar com sua rotina diária.

Exemplo de Roteiro

Um dos meus alunos estava muito endividado e se preocupava com uma possível falência nos negócios. Josh e seu antigo sócio tinham dirigido uma empresa juntos. Quando esta não deu certo, o relacionamento de ambos terminou; três anos depois ele ainda lutava para pagar as dívidas que o empreendimento deixara. Josh também pagava pensão alimentícia para sua ex-esposa, que estava criando os dois filhos do casal. Ele trabalhava como encarregado de um depósito de mercadorias, ocupação que detestava e onde recebia um salário apenas médio. Tinha sido informado recentemente de que o aluguel do apartamento em que morava ia subir; ele se encontrava diante de duas alternativas: conseguir mais dinheiro ou mudar para um bairro pior, onde poderia obter acomodação mais barata. Josh precisava de um milagre.

Depois de termos examinado a visualização criativa no meu curso de desenvolvimento psíquico, Josh foi para casa e preparou um texto para si mesmo. Ele o ouviu todas as noites durante três semanas, sem realmente acreditar que aquilo iria ajudá-lo. Não observou nenhuma mudança durante a primeira semana, mas na segunda percebeu que estava se sentindo mais otimista e que seus pensamentos eram mais positivos do que tinham sido nos últimos anos. No início da terceira semana, seus colegas de trabalho comentaram o fato de ele estar assobiando e fazendo brincadeiras ocasionais. No correr daquela semana, assistiu a uma reunião no Rotary Clube. Ele tinha sido sócio do clube alguns anos antes, mas desistira quando seus negócios fracassaram. Todos ficaram contentes em vê-lo novamente; uma das pessoas presentes lhe disse que estava abrindo uma nova firma e necessitava de bons funcionários e perguntou se Josh estaria interessado. Ao término da semana, Josh tinha sido entrevistado e aceito a tarefa de gerenciar a nova companhia. Seu salário inicial seria exatamente o dobro do que ganhava como gerente do depósito, além de ter recebido a opção de comprar ações da empresa. Josh declarou que aquilo era um milagre.

Não tenho a mínima idéia do tipo de roteiro que Josh preparou para si mesmo. Entretanto, acredito que tenha sido algo semelhante ao seguinte exemplo de roteiro:

"A cada respiração meu corpo fica mais relaxado. Enquanto inspiro e expiro, o relaxamento se torna mais profundo e agradável. Gosto de respirar profundamente porque isso faz com que meus músculos relaxem cada vez mais. Agora vou respirar três vezes, lenta e profundamente; o relaxamento será duplicado todas as vezes que eu expirar. Faço a primeira inspiração profunda. Prendo o ar. A sensação é agradável; agora, expiro lentamente, tornando meu corpo duplamente relaxado. Inspiro o ar profundamente uma segunda vez. Sinto-me muito bem; exalo o ar devagar e percebo que o relaxamento se estende por todo o corpo. Faço uma terceira respiração profunda. Seguro o ar, seguro o ar, e expiro lentamente. Agora me sinto descontraído; cada respiração me leva a um estado mais profundo e agradável de relaxamento.

"Meu pé esquerdo está começando a relaxar ainda mais. Uma agradável sensação de relaxamento se alastra por todo o meu pé esquerdo; agora ele está bem relaxado. Meu pé direito também está se soltando. É maravilhoso estar com ambos os pés tão completamente livres de tensão. Deixo a agradável sensação de descontração subir devagar pela minha perna esquerda. É maravilhoso e tranqüilizador saber que estou relaxando o meu corpo inteiro desse modo. Neste momento permito que o estado de repouso suba devagar pela minha perna direita; relaxo o tornozelo, a panturrilha, o joelho, e os músculos da coxa. Minhas pernas estão totalmente frouxas e relaxadas.

"Deixo que a agradável descontração penetre em meu abdômen. A sensação é de paz e repouso e usufruo esse maravilhoso sentimento de descontração, que sobe a seguir para o meu peito e ombros. Todo o *stress* e a tensão da vida diária são drenados para fora dos meus ombros e eu me sinto solto e leve, e muito relaxado.

"Os músculos do meu braço esquerdo estão ficando relaxados agora, até a ponta dos dedos. Meu braço esquerdo relaxa, ficando totalmente frouxo. A maravilhosa sensação de relaxamento e calor passa para o meu braço direito, descendo até as pontas dos dedos.

"Os meus braços, pernas e corpo estão agora descontraídos e relaxados. Neste instante os músculos do meu pescoço também estão se descontraindo. Posso sentir esta maravilhosa descontração se espalhar pelo meu rosto. Os delicados músculos ao redor dos olhos estão relaxados e percebo uma sutil sensação de relaxamento chegar ao meu couro cabeludo. Meu corpo inteiro está relaxado. Sinto-me como um boneco de pano, solto, satisfeito, relaxado.

"Percorro mentalmente todo o corpo para me certificar de que cada parte dele está relaxada. Não preciso de áreas de tensão. Estou tranqüilo e relaxado, e pronto para continuar.

"Acima de qualquer coisa, necessito de um milagre. Peço um milagre. Trabalhei com empenho durante muitos anos, mas nada tenho que possa mostrar em troca. Estou numa situação financeira pior do que há dez anos. Trabalho bem e bastante. Sou leal, gentil e interessado. Acho que mereço o melhor que a vida tem a oferecer. Sei que cometi muitos erros, porém aprendi muito com eles. Já me libertei da amargura e do ressentimento que costumava ter. Perdoei outras pessoas e perdoei a mim mesmo. Este é o momento de prosseguir no meu caminho.

"Dedico-me ao auto-aperfeiçoamento e, gradualmente, estou melhorando todas as áreas da minha vida; agora, contudo, me encontro sob enorme pressão financeira, que torna difícil para mim me concentrar em qualquer outra coisa. Preciso de um milagre. Desejo uma oportunidade de dobrar minha renda líquida. Isso me permitirá permanecer no meu apartamento e a ajudar sustentar meus filhos, enquanto continuo pagando as minhas dívidas. A oportunidade também me proporcionará dinheiro extra, que me ajudará a caminhar para a frente outra vez. Preciso dobrar a minha entrada de dinheiro.

"Estou preparado para fazer o que for necessário. Uma oportunidade é tudo de que preciso. Depois, o sucesso dependerá de mim. Sei que poderei ser bem-sucedido porque trabalhei muito durante toda a minha vida. Estou pedindo uma oportunidade de dobrar a minha entrada de dinheiro. Eu preciso disso, quero isso e estou pronto a pagar o preço. Peço esta oportunidade. Por favor, traga-a para mim.

"Mentalmente, vejo-me sentado à uma mesa de trabalho na minha nova sala, onde estou desempenhando a minha nova função. Vejo que o cargo envolve prestígio e autoridade. O escritório é atraente e os móveis, além dos acessórios, são da melhor qualidade. Levanto-me agora e caminho até a área de recepção. Ela também é acolhedora e bem mobiliada.

Tudo parece novo e limpo. A recepcionista sorri para mim quando passo por ela. As portas de entrada são largas e, quando saio, percebo que o prédio é circundado por um bonito jardim. Trata-se de um ambiente de trabalho muito agradável. Tenho certa liberdade e compreendo que devo desempenhar uma função de destaque no gerenciamento da empresa. Ao voltar para a minha sala, sinto o respeito que os outros têm por mim. Tenho consciência de que o trabalho não é fácil, mas ele me dá prazer e é compensador financeiramente. Meu rendimento líquido é o dobro do que eu recebia antes. Volto para a minha mesa e recomeço o trabalho. Tenho um sorriso nos lábios. Estou feliz pela primeira vez em muito, muito tempo. Gosto da minha nova função. Aprecio os desafios e o fato de desenvolver novas aptidões. Estou aprendendo bastante e me divertindo durante esse processo.

"Vejo-me agora visitando Arabella (sua ex-esposa) e os meninos no fim de semana. Levo os garotos para assistirem a um jogo de beisebol. Depois do jogo, sentamo-nos na praia e tomamos sorvete. Num impulso, me vejo convidando Arabella e os meninos para jantar fora. Comemos uma bela refeição num bom restaurante. Tenho condições de arcar com a despesa dessa extravagância ocasional; é muito mais satisfatório quando eu o faço com pessoas que amo.

"Também vejo a mim mesmo entrando no escritório de Joe Malone. Eu lhe entrego um cheque. Ele o olha surpreso. Desculpo-me com ele por levar tanto tempo para pagar minha dívida. Saio da sala com a sensação de que um enorme peso foi tirado dos meus ombros. Estou livre. Todas as minhas dívidas foram pagas. Estou começando a viver outra vez.

"Repito a visualização de todas essas cenas inúmeras vezes na minha mente. Sinto um grande prazer em saber que elas vão se tornar realidade. Muitos momentos de minha vida foram difíceis, mas agora posso ver o caminho aberto à minha frente.

"Obrigado por todas as bênçãos que tenho recebido. Compreendo que, em comparação com outras pessoas, levo uma vida boa e confortável. Sou grato por isso, porém quero muito mais. Quero uma oportunidade de provar o meu valor. Para mim, para as pessoas que amo, para as pessoas às quais devo dinheiro e porque isso fará uma grande diferença na minha vida.

"Preciso dessa oportunidade para dobrar o meu salário. Posso senti-la, saboreá-la, sou capaz de vivenciá-la. Sei que a oportunidade está próxima. Peço que ela se manifeste agora.

(Pausa de trinta segundos.) "Obrigado. Sei que o meu pedido será atendido. Agora vou contar até cinco; após essa contagem, terei novamente total percepção consciente das coisas e confio que o meu pedido será atendido. Um. Obrigado, universo. Dois. Obrigado por todas as alegrias e bênçãos que já possuo. Três. Posso sentir a mudança em mim. Quatro. Pronto para um novo início. Cinco."

Você pode notar que Josh não fez seu pedido a nenhuma divindade específica. Ele se dirigiu ao universo para que este providenciasse o que ele precisava. Se Josh tivesse algum tipo de fé teria sido melhor para ele endereçar o pedido a uma entidade superior em particular.

Do mesmo modo, ele fez um pedido e não uma exigência. Josh poderia ter exigido o cargo mais bem pago numa empresa. Quando se realiza um ritual mágico é comum que se faça uma exigência. Entretanto, Josh sentiu que sua petição funcionaria melhor se ele lhe desse a forma de um pedido.

Isso deu certo, uma vez que ele recebeu exatamente o que havia pedido. Você poderia se perguntar se Josh não deveria ter pedido um emprego que quadruplicasse sua remuneração. A visualização de Josh resume sua auto-imagem e suas crenças sobre si mesmo. Ele necessitava de um milagre, mas mesmo assim pediu algo que achava estar dentro dos limites da possibilidade. Depois de um ano ou dois no novo cargo talvez ele se sentisse preparado para fazer o pedido de mais uma duplicação de salário. Se tivesse começado pedindo uma soma que ele próprio acreditava ser impossível de conseguir, teria subconscientemente sabotado seus esforços, culpando a magia e não a si mesmo.

Josh visualizou-se num novo emprego, o qual satisfazia os requisitos que ele tinha estabelecido. Imaginou-se, ainda, se divertindo com os filhos. Nesse cenário ele se envolvia em atividades que não poderia realizar sem uma soma extra de dinheiro. A cena final, na qual ele quita suas dívidas, também é emocionalmente significativa, pois parece que o cheque que entregou à pessoa a quem devia era de um valor considerável.

Cada uma dessas cenas envolveu as emoções de Josh, assim como sua capacidade de visualização. Ele sentiu orgulho e prazer quando estava sentado à mesa de trabalho em sua nova sala. Sentiu amor e ternura pela sua família. Sentiu-se vitorioso ao finalmente saldar suas dívidas. É importante que a emoção acompanhe as cenas que você visualiza, já que elas têm um efeito profundo sobre o subconsciente. As emoções são muito mais poderosas do que a lógica. É importante que emoções positivas estejam envolvidas, tanto quanto possível, ao se praticar qualquer forma de magia. Quando emoções negativas, como medo ou dúvida, interferem no seu ritual, torna-se muito menos provável que você alcance seus objetivos. Felizmente, sua mente pode acomodar somente uma emoção de cada vez. Certifique-se de eliminar quaisquer emoções negativas antes de iniciar um ritual mágico, do tipo que for.

Esta foi uma breve introdução à magia, uma das mais poderosas forças do universo. Nos próximos capítulos nós a levaremos vários passos adiante. Você irá aprender sobre seu surpreendente sistema de chakras e descobrir como criar milagres por meio de encantamentos.

Sete

Seu Admirável Sistema de Chakras

Você é muito mais que o seu corpo físico. Está rodeado por um sistema invisível de energia, conhecido como aura. A aura é composta de várias camadas. A primeira camada, mais próxima do corpo, é chamada de duplo etérico. Dentro desse corpo etérico, e expandindo-se para fora, existem sete centros de energia, ou baterias, conhecidos como chakras. Embora estejam no interior da aura, os chakras trabalham harmoniosamente com o corpo físico, e têm por finalidade mantê-lo ativo, energizado e saudável.

A palavra *chakra* vem do sânscrito "roda", uma vez que eles parecem vórtices ou círculos de cor e energia que giram. Algumas vezes se referem a eles como "rodas da vida". A tarefa deles é absorver, transformar e distribuir as energias vitais do universo por meio da aura.

A energia vital do universo é conhecida por vários nomes em diferentes culturas. Você pode estar familiarizado com *prana*, *ch'i*, *ki*, *ankh*, *ruah* ou *pneuma*, todos nomes alternativos para a energia vital do universo.

Em sua forma mais básica, essa energia vital é o ar; nos métodos dos kahunas, e também nos exercícios de meditação, vimos que o ar e a respiração são fundamentais, e permitem a manifestação da magia. A energia vital do universo é seu espírito. Ela é vitalmente importante para cada aspecto de sua vida, já que cuida do seu bem-estar físico, mental e espiritual.

Existem sete chakras maiores. Cinco deles se localizam ao longo da coluna vertebral e os outros dois estão alinhados, um com as sobrancelhas e o outro com o topo da cabeça. Cada um deles desempenha um papel de destaque, fazendo com que você permaneça saudável e vibrante. Quando um chakra está aberto, você consegue usar integralmente as qualidades que ele proporciona. Um chakra aberto se assemelha a uma flor de lótus; no Oriente, a cada chakra é atribuído um certo número de pétalas devido a essa semelhança. Um chakra fechado ou bloqueado significa que as energias vitais do universo não estão funcionando adequadamente na parte correspondente do corpo; faltarão na pessoa as qualidades designadas por esse chakra em particular. O quinto chakra, por exemplo, relaciona-se com a comunicação. Se ele estiver fechado, você terá dificuldade para expressar seus sentimentos.

Chakra da Raiz — Muladhara

Cor: *Vermelho*
Elemento: *Terra*

A palavra *muladhara* vem de *mula*, que significa "raiz", e *adhara*, cujo significado é "apoio". O chakra da raiz ou da base, está localizado na base da espinha dorsal, na região do cóccix. Ele nos mantém ligados à terra e se relaciona com a sobrevivência. Conseqüentemente, questões como comer, dormir, ganhar a vida, abrigar-se e sentir segurança, dizem respeito ao chakra da raiz. Tudo o que faz uma pessoa se sentir insegura afeta o seu chakra da raiz.

O elemento terra está associado com este chakra. A terra é sólida, substancial, mantém a pessoa ligada ao plano físico e lhe proporciona tudo de que necessita para sobreviver. O chakra da raiz atrai a energia da terra para o seu corpo, proporcionando-lhe energia e força. Este chakra está primariamente associado com o seu corpo físico.

Quando ele está equilibrado, a pessoa se sente bem consigo mesma e com o mundo. Ela se mostrará afetuosa, atenciosa com os outros e autoconfiante. Quando o chakra da raiz está fechado, a pessoa não tem confiança em si mesma e lhe falta motivação ou incentivo para alcançar seus objetivos.

Chakra do Sacro — Svadhisthana

Cor: *Laranja*
Elemento: *Água*

Svadhisthana significa "o local onde habita a força vital". O chakra do sacro está localizado no baixo abdômen, entre o umbigo e os órgãos genitais. Ele está relacionado com a criatividade, a sexualidade e o prazer, e com os relacionamentos e as emoções. Sendo seu elemento a água, há um envolvimento com todas as funções dos fluidos no corpo, tais como circulação, excreção e sexo. Quando este chakra está bem equilibrado, a pessoa consegue expressar suas emoções e revela um interesse saudável pelo romance e pela sexualidade. Ela é amistosa, positiva e de fácil convívio. Se estiver fechado, a pessoa perderá contato com as próprias emoções, podendo se tornar excessivamente suscetível, desconfiada e medrosa. Normalmente, essa pessoa tem pouco interesse pelo sexo, mas em alguns casos pode se entregar de modo insensato aos excessos nessa área. Comer demais também é comum quando este chakra está fechado.

Chakra do Plexo Solar — Manipura

Cor: *Amarelo*
Elemento: *Fogo*

Manipura significa "a jóia do umbigo". O chakra do plexo solar está localizado na parte mais baixa do estômago, ligeiramente acima do umbigo. Ele representa a ação, a vitalidade e o poder pessoal, sendo também responsável pelo nosso metabolismo. Ele processa as emoções e encoraja respostas apropriadas e saudáveis, enquanto dilui e neutraliza emoções negativas. Como está relacionado com o elemento fogo, fornece calor e energia. Não surpreende o fato de ele ser conhecido como o chakra do poder, pois é a sede do nosso poder pessoal. Quando este chakra está em equilíbrio uma pessoa se sente forte, protetora e capaz de expressar seus sentimentos. Ela é espontânea, sabe se divertir, é descontraída e alegre. As atividades físicas lhe agradam. Esta pessoa será capaz de se defender quando necessário. Sua vida emocional é plena e variada. Se o chakra do plexo solar estiver fechado, a pessoa revelará falta de energia e receará os confrontos e os riscos. Sentimentos negativos de preocupação, insegurança, medo, raiva, ódio e depressão são comuns quando este chakra está fechado.

Chakra do Coração — Anahata

Cor: *Verde*
Elemento: *Ar*

Anahata tem o sentido de "som do silêncio". O chakra cardíaco está localizado no centro do peito, na região do coração. Ele é o chakra médio e auxilia no equilíbrio entre os três chakras acima dele e os três abaixo. É fácil compreender, portanto, que o chakra do coração se relaciona com o amor e com tudo que dele advém. Seu espectro varia desde a simples luxúria até o amor incondicional por toda a humanidade. Como o chakra do coração responde ao elemento ar (prana), ele pode ser aberto e alimentado por respirações profundas. Quando este chakra está equilibrado, a pessoa se sente satisfeita com a vida e irradia amor e compaixão. Ela irá aceitar o amor e amar a si mesma e aos outros. Quando este chakra se encontra fechado, o equilíbrio entre os três chakras superiores (mente) e os três inferiores (corpo) fica prejudicado. Isso cria ansiedade, paranóia e medo de rejeição.

Chakra da Garganta — Visuddha

Cor: *Azul*
Elemento: *Som*

Visuddha quer dizer "purificar". O chakra laríngeo está localizado na garganta. Ele representa a comunicação, a criatividade e a auto-expressão e, particularmente, a palavra falada. Quando o chakra da garganta está equilibrado a pessoa mostra-se totalmente integrada, sendo capaz de compreender e utilizar com eficiência seus pensamentos e sentimentos. Essa pessoa será criativa e achará fácil expressar a si mesma. Provavelmente, haverá um contato criativo com a energia divina. Quando o chakra da garganta está fechado, a pessoa sentirá medo de se expressar. Essa criatura triste quase certamente será tímida, taciturna, manipuladora e esquiva. Sentimentos de depressão são comuns quando o chakra da garganta está fechado.

Chakra da Fronte — Ajna

Cor: *Índigo*
Elemento: *Luz*

Ajna significa "conhecer". O chakra da fronte está localizado na testa, na região conhecida como terceiro olho. Ele se relaciona com a sua capacidade de percepção, visual, bem como intuitiva. Este chakra cuida de suas lembranças, registra seus sonhos e lhe permite olhar para a frente e visualizar o futuro que você gostaria de desfrutar. Ele se ocupa de sua intuição, proporcionando-lhe as informações que você não poderia obter de nenhuma outra maneira. Quando este chakra está equilibrado a pessoa é capaz de receber e de interpretar as percepções que recebe. Ela terá a possibilidade de desenvolver sua capacidade intuitiva, especialmente a clarividência. Se o chakra da fronte estiver fechado, provavelmente a pessoa não terá autoconfiança, será supersensível e expressará um excesso de autocomiseração. As indicações físicas do chakra da fronte bloqueado incluem dores de cabeça, hipertensão ocular, dores no pescoço e pesadelos.

Chakra da Coroa — Sahasrara

Cor: *Violeta*
Elemento: *Pensamento*
Sahasrara tem o significado de "mil vezes". O chakra da coroa está localizado imediatamente acima do topo da cabeça e se projeta para o infinito. Ele se relaciona com o pensamento, com a sabedoria interior e com a capacidade de conhecer e compreender. Abre a porta para a consciência universal e para a percepção mais elevada. Em pessoas muito desenvolvidas, os chakras da fronte e da coroa se combinam para criar um halo. Quando este chakra está em equilíbrio, a pessoa fica aberta e receptiva à energia divina. Quando está fechado, a pessoa perde seu sentido de alegria e vive uma vida de sofrimento, desapontamento e frustração; isso normalmente vem acompanhado de dores de cabeça.

Pode-se ter a impressão de que o chakra da coroa é o mais importante de todos e que os outros meramente constituem o caminho que leva a ele. Na verdade, cada chakra é tão importante quanto os outros. Um bloqueio em qualquer um dos chakras provavelmente originará problemas num outro ponto. Efetivamente, os sete chakras formam uma escada espiritual que conduz da terra ao céu; quando todos eles estão bem equilibrados e funcionam corretamente, podemos conseguir milagres sempre que queremos.

Fixe-se à Terra com os Chakras

Enquanto estivermos vivendo neste plano físico é importante permanecermos ligados a ele. Este é especialmente o caso ao trabalharmos com as energias superiores produzidas pelos quatro chakras superiores. Felizmente, a questão de ficarmos firmemente presentes no plano físico é simples; o exercício abaixo lhe trará consideráveis benefícios se você o realizar pelo menos uma vez por dia. Você deveria praticá-lo antes de meditar ou participar de um trabalho de cura.

Sente-se comodamente numa cadeira de encosto reto. Suas pernas deverão formar um ângulo reto na altura dos joelhos e os pés, repousar confortavelmente no chão. Respire profundamente e, ao expirar, empurre os pés com firmeza contra o chão. Você irá sentir os músculos das coxas se contraírem e perceberá um fluxo de energia convergindo para a região do chakra da raiz. Relaxe a pressão, repita a respiração profunda, empurrando os pés novamente para baixo, à medida que expira. Faça isso três ou quatro vezes, pelo menos uma vez por dia, para tornar o chakra da raiz pleno de energia e também para você se ligar à terra.

Proteção Psíquica

É importante proteger-se das energias negativas, independentemente da origem das mesmas. Você pode fazer isso envolvendo sua aura numa bolha de luz branca e pura.

Sente-se confortavelmente, feche os olhos e respire lenta e profundamente algumas vezes. Mentalmente, veja-se sentado numa cadeira, no mesmo aposento em que está. Olhe para a região ao redor de sua cabeça e pescoço e veja se consegue detectar sua aura. Se não puder percebê-la, imagine-se envolto por uma aura em forma de casulo.

Inspire profundamente e observe sua aura se expandir, à medida que você a enche de prana benéfico, e diminuir ligeiramente quando você expira. Respire mais algumas vezes, e veja sua aura aumentar e diminuir de tamanho; depois inspire o ar novamente, desta vez imaginando que está inspirando a cor vermelha, na mais bonita tonalidade que você já viu. Preste atenção à sua aura enquanto ela se enche dessa energia vermelha e salutar. Você poderá sentir o vermelho se mover para a região do chakra da raiz. Expire lentamente e observe que o vermelho permanece dentro da sua aura. Inspire outra vez e imagine que agora você está absorvendo o mais maravilhoso tom de laranja que já encontrou. Veja o laranja penetrar na sua aura e se dirigir para a região do chakra do sacro.

Repita o mesmo procedimento mais cinco vezes, com cores diferentes: amarelo, verde, azul, índigo e violeta. Cada vez que inspirar, veja as respectivas cores aparecerem em sua aura e sinta-as se moverem para os chakras correspondentes.

Quando tiver terminado, seus chakras estarão energizados e você poderá ver, mentalmente, todas as cores do arco-íris dentro da sua aura.

Nesse momento, estará preparado para acrescentar a bolha de proteção. Respire mais algumas vezes, lenta e profundamente, e depois crie a imagem de uma luz branca e pura envolvendo sua aura. Ela começará como um leve contorno em sua aura, mas à medida que você a mentalizar, irá formar uma camada mais grossa e densa de luz branca e protetora ao redor da mesma. Você poderá dar a essa camada de proteção as dimensões que desejar. Penso que quinze centímetros de proteção são suficientes para quase todos os propósitos. Se você estiver morando ou trabalhando com pessoas excepcionalmente negativas, talvez precise de uma bolha com trinta centímetros de espessura. Uma vez trabalhei com uma mulher que poderia ser descrita como um vampiro psíquico. Depois de ficar perto dela durante algum tempo, eu sentia que minha energia tinha sido drenada. Estou certo de que ela não drenava a energia de outras pessoas conscientemente, mas enquanto trabalhava a seu lado eu mantinha a minha bolha branca de proteção constantemente a distância de pelo menos trinta centímetros ao redor da minha aura.

Equilíbrio dos Chakras

Sempre que possível, prefiro que outra pessoa teste e equilibre os meus chakras. Entretanto, você poderá fazê-lo sozinho se quiser. Muitas pessoas preferem equilibrar seus próprios chakras. Experimente ambos os métodos e veja qual lhe agrada mais. É uma boa idéia aprender como equilibrar seus chakras, pois algumas vezes você poderá se encontrar numa situação em que não haja ninguém disponível para fazer isso por você.

Método com Duas Pessoas

Fique em pé diante da pessoa que você vai testar. Ela normalmente estará um pouco tensa e, por isso, peça-lhe para relaxar antes de você começar. Normalmente, peço à pessoa para sacudir os braços vigorosamente durante alguns segundos antes do início do processo. Faça com que a pessoa fique em pé, mantendo os pés ligeiramente separados e os braços ao lado do corpo.

Com a sua mão e dedos dominantes (direita se você for destro e esquerda se for canhoto) agite o ar na região do chakra da coroa da pessoa. Peça que ela estique os braços para a frente, conservando-os retos; as costas das mãos devem se tocar. Peça-lhe para resistir ao que você vai fazer. Com ambas as mãos, segure os pulsos da pessoa e veja se pode separá-los. Deveria haver uma resistência perceptível. Se os braços se separarem facilmente, o chakra precisa ser reequilibrado. Você poderá testar todos os chakras primeiro ou testar e equilibrar, se necessário, à medida que for descendo.

O procedimento de reequilíbrio envolve a palma de sua mão dominante. Mantenha a palma da mão a três centímetros de distância do chakra que precisa ser reequilibrado e depois comece a mover sua mão no sentido horário, formando círculos cada vez maiores à medida que você se afasta, até que esteja a cerca de um metro da pessoa. Pare por alguns segundos e então empurre a palma da mão diretamente de encontro ao chakra, parando aproximadamente na mesma posição em que começou. Teste o chakra novamente. Agora, a resistência deverá ser muito maior, indicando que o chakra está equilibrado.

Repita o procedimento até que todos os chakras tenham sido testados e aqueles que precisavam de reequilíbrio tenham sido inteiramente carregados. Alguns preferem fazer o teste com a pessoa deitada, segurando um pêndulo sobre cada um dos chakras. Se você adotar este método, também poderá utilizar o pêndulo para recarregar os chakras; para isso, movimente o pêndulo de modo intencional, formando círculos no sentido horário sobre os chakras que necessitam de equilíbrio.

Método com Uma Pessoa

Este é o método que uso quando quero verificar meus chakras, mas nenhuma outra pessoa está disponível para me ajudar. Tudo que você precisa fazer é perguntar ao pêndulo se cada chakra está em equilíbrio. Prefiro fazer estas perguntas em voz alta. Naturalmente, você vai receber uma resposta positiva em relação a todos os chakras que estão equilibrados e uma resposta negativa em relação aos que precisam de atenção.

Vamos presumir que todos os seus chakras, com exceção do chakra do plexo solar, estejam equilibrados. Segure o pêndulo e fale diretamente com o chakra do plexo solar. Diga algo como: "Alô, chakra do plexo solar. O pêndulo me diz que você está sem energia e necessita ser reequilibrado. Vou fazer isso agora, usando o pêndulo." De modo deliberado balance o pêndulo no sentido horário, formando círculos, durante quinze a trinta segundos. Pare o pêndulo e lhe pergunte se seu chakra do plexo solar está equilibrado agora. Você poderá abandonar o processo nesse ponto se o pêndulo lhe responder sim. Se receber uma resposta negativa, balance o pêndulo outra vez num movimento circular, acompanhando os ponteiros do relógio, por mais vinte segundos, enquanto diz ao seu chakra do plexo solar o que está fazendo. Repita a operação até que o pêndulo lhe diga que o chakra está equilibrado. Se desejar, poderá percorrer todos os chakras novamente para se certificar de que eles estão equilibrados.

Outro método que aprecio é respirar algumas vezes, lenta e profundamente, enquanto me vejo inspirar a cor correspondente ao chakra fechado. Depois de absorver uma quantidade significativa da cor desejada, uso o pêndulo para testar o chakra novamente. Se ele ainda estiver fraco, continuo a inspirar e a absorver a cor necessária, até receber uma resposta positiva.

Fortalecimento dos Chakras

Este é um exercício interessante, que o encherá de energia e entusiasmo. Comece com um banho de chuveiro ou de imersão. Se o tempo estiver quente permita-se secar sem se enxugar. Caso contrário, esfregue o corpo todo vigorosamente com uma toalha. Despido ou usando uma roupa folgada, feche os olhos e visualize um círculo de energia vermelha girando rapidamente na região do seu chakra da raiz. Quando puder vê-lo claramente em sua mente, visualize um círculo de energia laranja na região do seu chakra do sacro. Suba gradativamente, através de cada um dos chakras, assegurando-se de ver a roda em movimento claramente antes de passar para o próximo chakra. Enquanto faz isso, provavelmente irá sentir a energia de cada chakra subindo pela sua coluna vertebral. Depois de ter visualizado um círculo de energia violeta na região do seu chakra da coroa, mentalize um raio de luz dourada que se move para cima, percorrendo seus chakras, desde o chakra da raiz até o da coroa; veja a luz dourada transbordar do alto de sua cabeça e envolvê-lo num glorioso brilho dourado. Você pode enviar essa luz dourada de cura a qualquer parte do seu corpo que necessite ser fortalecida. Alternativamente, você poderá vê-la se dispersar de modo gradual pelo universo para ajudar a curar outras pessoas.

Quando estiver preparado, respire algumas vezes profundamente e abra os olhos. Depois de fazer este exercício, você irá se sentir totalmente recarregado de energia e com disposição para fazer qualquer coisa.

O mesmo exercício também pode ser utilizado para mudar padrões de comportamento. Talvez você queira, por exemplo, parar de fumar ou perder um pouco de peso. Ou se tornar uma pessoa mais descontraída e tranqüila. Ou, ainda, eliminar as preocupações. É possível que pretenda começar a economizar, em vez de gastar todo o dinheiro que ganha. Não importa o que deseje conseguir.

Realize o exercício até ver a si mesmo transbordante de um brilho dourado. Permita que essa luz dourada se expanda até que você esteja dentro de um enorme casulo de energia curativa dourada. Pense sobre aquilo que pretende fazer e visualize-se da maneira que gostaria de ser, no interior do casulo de ouro. Se quiser parar de fumar, por exemplo, não pense: "Quero parar de fumar." Ao contrário, afirme "Eu não sou fumante". Você deve pensar sobre sua meta já consumada e não sobre o que precisa fazer. De modo semelhante, você dirá: "Meu peso será ___ quilos", e não "Quero perder quinze quilos".

Repita este exercício todos os dias até alcançar seu objetivo.

Exercício de Restauração na Hora de Dormir

O exercício a seguir é agradável e fortalece seus chakras, assegurando-lhe também uma noite tranqüila de sono. Você precisará de amostras de tecido colorido, reunindo as sete cores do arco-íris. Tive a sorte de encontrar um conjunto de sete lenços de seda para presente, cada um de uma cor, com todas as cores necessárias. Na hora de dormir, não entre debaixo dos lençóis imediatamente. Comece deitando-se na cama sobre as cobertas; coloque os retalhos de tecido, nas cores correspondentes, sobre a região de cada um dos chakras. Feche os olhos e pense sobre o dia que acabou de viver. Lembre-se das coisas boas que lhe aconteceram durante o dia. Elas não precisam necessariamente ser grandes acontecimentos. Se alguém sorriu ao passar por você na rua, inclua esse incidente. Concentre-se em tudo que o deixou feliz.

Depois disso, volte sua mente para os aspectos menos agradáveis do seu dia. À medida que pensar em cada um deles, deixe que seu corpo o informe sobre o chakra que foi afetado. Você poderá experimentar uma sensação de algum tipo ou, possivelmente, saber de modo intuitivo qual dos chakras foi envolvido. Pense no tecido colorido que foi colocado sobre esse chakra e permita que as energias da cor penetrem no seu corpo. Quando estiver preparado, liberte-se do incidente negativo em que estava concentrado e passe para o próximo. Repita o processo até ter coberto todas as experiências negativas do dia. Uma vez que tenha feito isso, dirija sua atenção para cada um dos chakras, começando com o chakra da raiz; deixe que a cor do retalho de tecido encha o chakra de energia. Ao terminar, remova os tecidos, entre debaixo das cobertas e durma. Todos nós temos experiências desagradáveis e negativas durante a vida. Lidar com elas antes de dormir constitui um método extremamente curativo; este exercício lhe permite, ao mesmo tempo, fortalecer cada um dos chakras.

Se você não dispuser de quaisquer amostras de tecido nas cores corretas, poderá assim mesmo fazer este exercício, imaginando que elas estão ali. Prefiro me dedicar ao exercício usando efetivamente o tecido colorido, mas acredito que imaginá-lo funciona igualmente bem.

A Realização de Milagres com os Chakras

Os chakras são os centros psíquicos mais importantes do seu corpo. Quando estão harmonizados e em perfeito equilíbrio, você consegue usar o enorme poder que possuem para alcançar suas metas. Imagine o inacreditável poder de que dispõe ao aproveitar esses sete poderosos centros de energia, focalizando-os num único desejo.

O método usado é semelhante ao do fortalecimento dos seus chakras. A principal diferença é que você estará utilizando aquela energia para atingir um objetivo específico. Comece com um relaxamento num lugar onde não será perturbado. Você poderá deitar-se ou sentar-se confortavelmente numa cadeira para realizar esse exercício.

Primeiro, respire algumas vezes, lenta e profundamente. Feche os olhos e deixe que todos os músculos do seu corpo se descontraiam. Quando se sentir totalmente relaxado, concentre-se no seu chakra da raiz.

Imagine que sua consciência se encontra nessa região e visualize o chakra como um vórtice de energia vermelha que sustenta e revitaliza todo o seu ser. No momento em que tiver uma sensação de calor, formigamento ou qualquer outra nessa região, mude sua atenção para o chakra do sacro e repita o mesmo processo. Ao perceber alguma sensação nessa área, suba para o próximo chakra, percorrendo todo o caminho até o chakra coronário. Quando sentir o chakra da coroa vibrante de vitalidade e energia, pense no seu objetivo. Imagine a expressão exata daquilo que deseja reproduzida num cartaz de rua ou numa tela de cinema. No instante em que puder visualizar isso com clareza na sua mente, sinta a energia de todos os chakras, leia em voz baixa as palavras escritas no cartaz, e afirme para si mesmo: "É isso o que quero. Atraio o que quero para mim agora." Conserve o sentimento de sucesso o máximo que puder e, quando ele começar a se desvanecer, deixe-o ir.

Relaxe em silêncio durante alguns minutos após o exercício. Você não precisa continuar a pensar sobre o seu pedido. Você o transmitiu para o universo e uma resposta virá no momento correto. Desfrute pensamentos agradáveis durante alguns minutos e depois abra os olhos. Repita esse exercício pelo menos três vezes por semana ou, de preferência, todos os dias até que seu pedido seja atendido.

Algumas vezes a resposta vem quase que imediatamente; outras vezes, no entanto, você precisará de muita paciência. Fique atento para o que estiver acontecendo na sua vida enquanto espera uma resposta. Por vezes, os resultados podem se apresentar de maneiras estranhas, quase ocultas.

Oito

Encantamentos

Quando você era criança provavelmente acreditava que as pessoas podiam fazer encantamentos e criar verdadeiras mágicas como resultado. Entretanto, ao crescer poderá ter descartado essas idéias, achando que elas eram muito forçadas, infantis ou impossíveis. Isso é uma pena porque todos têm a capacidade de fazer encantamentos. Os resultados de encantamentos bem-sucedidos podem ser miraculosos.

Sempre que você realiza um encantamento, está usando os poderes ocultos de sua mente para influenciar o mundo exterior e conseguir qualquer coisa que deseja. Quatro fatores são necessários: alguém ou alguma coisa para invocar, visualização, concentração e simbolismo.

O início do processo é a visualização do objetivo em sua mente. Você deve ser capaz de senti-lo, percebê-lo, vê-lo, ouvi-lo e, praticamente, conhecer seu gosto. É essencial ter certeza absoluta no seu íntimo de que esse desejo se tornará realidade e que todos irão se beneficiar com a sua realização.

Depois você precisará invocar uma fonte adequada de poder que, espera, fará o encantamento funcionar. Se você tiver uma formação cristã, provavelmente invocará Deus. Caso contrário, poderá invocar o arquiteto do universo, Pã, Atena, Ísis ou qualquer outra divindade. Sempre que agradece na hora da refeição, você está realizando um encantamento de bênção. Começa invocando Deus e depois agradece pelos alimentos que recebeu. Os encantamentos funcionam exatamente da mesma maneira. Na verdade, a maioria das orações poderia ser descrita como encantamentos. Infelizmente, quase todas as pessoas rezam como último recurso, o que significa que a mente delas está cheia de medo e temor. Quando essas emoções são transmitidas à mente universal, é muito improvável que a prece seja ouvida, uma vez que emoções negativas são tudo o que chega até ela. Se você orar, usando os quatro fatores: invocação, visualização, concentração e simbolismo, acrescentando-lhes uma dose saudável de crença, suas orações serão sempre atendidas, pois você terá criado um encantamento perfeito.

Você precisa se concentrar no seu desejo enquanto realiza o encantamento. É importante que permaneça com a atenção firmemente focalizada no seu desejo até que o encantamento tenha sido completado.

O simbolismo é necessário para representar as pessoas ou a situação envolvida no encantamento. Você poderá usar quase qualquer coisa para fazer isso, desde que fique claro para você o significado daquilo que está usando. Use cores, perfumes, fotografias, desenhos, palavras escritas num papel, objetos pessoais ou qualquer outra coisa que lhe agrade. Aparas de unhas e anéis de cabelo são comumente encontrados em contos de fada e podem ser usados, se você quiser. Eu tenho uma tendência de evitar empregar qualquer coisa que pertença ou tenha pertencido a uma outra pessoa, sem pedir permissão antes. Conseqüentemente, sempre recebo da mesma algo melhor do que uma apara de unha ou fios de cabelo.

Os Quatro Elementos

Pelo menos um dos quatro elementos tradicionais é usado quando se faz um encantamento. Isso ocorre porque cada um deles possui associações simbólicas com diversos aspectos da vida humana. Do mesmo modo, todos eles se combinam para formar o espírito, que poderia ser considerado como um quinto elemento. É esse espírito que nos permite convocar as forças invisíveis e realizar os nossos propósitos.

Fogo

O elemento Fogo está relacionado com a paixão, a energia, a força, a vitalidade, o entusiasmo, a motivação e qualquer coisa que envolva ação e progresso.

Terra

O elemento Terra está relacionado com a estabilidade, a resistência, a constância, a força, o crescimento, a perseverança e a cura. Ele também se relaciona com o lar, a fertilidade, as crianças, os animais de estimação e a vida em família.

Ar

O elemento Ar está relacionado com a criatividade, as artes, a imaginação, a estimulação mental e com o intelecto. Também se refere a viagens, tanto físicas quanto astrais.

Água

O elemento Água está relacionado com as emoções, o amor, a fertilidade, a produtividade, a harmonia e a cooperação. Ele ainda diz respeito aos sonhos, à meditação, intuição, adivinhação, morte e renascimento.

Amor e Dinheiro

Através dos tempos, a maior parte dos encantamentos teve por objetivo atrair amor e prosperidade. Todos querem amar e ser amados e também, independentemente de serem ricos ou não, desejam mais riquezas. Existem cores específicas que se relacionam com o amor e o dinheiro. O rosa simboliza o amor e o vermelho representa a paixão. Sexta-feira é geralmente considerada o melhor dia para encantamentos de amor. Isso porque ela corresponde a Vênus, a deusa do amor. Verde é a cor que deve ser usada para se conseguir dinheiro, sendo quinta-feira um bom dia para encantamentos feitos com esse propósito, pois é o dia de Júpiter, o deus da expansão.

Você deve ser particularmente cuidadoso com os encantamentos de amor. Poderá realizar um encantamento para atrair amor, mas ele não deverá ter por objetivo torná-lo mais atraente para uma pessoa em particular. Isso é conhecido como encantamento de submissão, no qual você pede aquilo que quer, porém sem dar atenção aos desejos ou ao livre-arbítrio dos outros. Uma pessoa talvez esteja desesperadamente apaixonada por um colega de trabalho; entretanto, se o colega não demonstrar interesse, essa pessoa não deverá fazer um encantamento que a tornará mais atraente ao objeto de sua paixão. Todos os seus encantamentos terão que ser necessariamente puros, não ferir ninguém e, num plano ideal, beneficiar o maior número de pessoas possível.

Encantamentos de Cura

Encantamentos podem ser usados para ajudar a curar outras pessoas, desde que estas desejem ser curadas. No processo desse tipo de encantamento, é comum que um objeto, por exemplo, um cristal, seja carregado e energizado. Depois, o objeto será mantido próximo da pessoa enferma, até que ela esteja bem novamente.

Encantamentos de Bênção

Nós já mencionamos que dar graças pelos alimentos constitui um encantamento de bênção. Os encantamentos de bênção têm um caráter especial; neles, se agradece pelos benefícios recebidos ou que se está recebendo. Você poderá agradecer por ter, você mesmo ou alguém que lhe é próximo, recuperado a saúde após uma doença. Poderá dar graças pela paz de espírito, por uma promoção no emprego, um ganho inesperado ou qualquer outra coisa que lhe inspire gratidão. Se você tiver, de alguma maneira, escapado milagrosamente ao perigo, deveria realizar um encantamento de graças. Poderia talvez agradecer por algo ocorrido num nível internacional, como o fim de uma guerra. Mostrar-se grato por acontecimentos locais, tais como a eleição de um prefeito, ou pela inauguração de novas instalações que irão beneficiar a comunidade. Nunca precisará deixar que lhe faltem coisas pelas quais agradecer.

É um bom hábito realizar encantamentos de bênção regularmente. Muitos são criados por razões que poderiam ser consideradas como apenas pessoais e, por isso, é útil realizar um encantamento de gratidão de vez em quando para demonstrar que você se preocupa com o bem-estar de outras pessoas, além do seu próprio.

A Criação de Encantamentos

Grande parte da diversão de se fazer encantamentos vem de encontrarmos um encantamento adequado para enviar ao universo. Abaixo, estão alguns exemplos.

Encantamento para Atrair um Namorado

O que é necessário: uma vela vermelha, duas folhas de papel branco, uma caneta marca-texto vermelha, um envelope e uma taça de vinho contendo vinho tinto (ou, água colorida, se você preferir).

Elementos usados: Fogo produzido pela vela. Ele simboliza energia, entusiasmo e paixão. Água do vinho. Simboliza amor e romance.

Melhor momento para realizar o encantamento: Sexta-feira; o ideal seria durante o quarto crescente da lua.

Primeiro, reúna os itens de que necessita; coloque-os a seguir sobre o seu altar. Depois, tome um banho relaxante, de chuveiro ou banheira. Não se apresse durante esse estágio. Torne-o tão requintado e prazeroso quanto possível. Você poderá usar sais de banho e ouvir música romântica enquanto está no banho. Enxugue-se numa toalha limpa e de boa qualidade. Vista uma roupa limpa e folgada ou então trabalhe nu.

Volte ao seu altar e ponha a vela em cima dele, deixando a frente livre. Diante da vela coloque as duas folhas de papel. O copo de vinho deverá estar do lado direito do altar.

Fique em pé ou sente-se na frente do altar. Acenda a vela e então peça a uma divindade, qualquer uma que desejar, sua bênção. Como você está realizando um encantamento para atrair o amor, talvez queira pedir a Vênus que o ajude a alcançar seu objetivo.

Faça uma pequena pausa depois de invocar a divindade. A seguir, escreva numa das folhas de papel duas linhas de versos rimados que expressem seu propósito. Não é preciso criar uma grande poesia. Ninguém irá lê-la, exceto você. A eficácia será muito maior se você compuser os versos sozinho e não usar algo que tenha lido em algum lugar. "Chuva, chuva, vá embora, volte mais tarde, melhor que agora" poderá bem ter sido usada como encantamento no passado, mas ninguém espera seriamente que ele funcione hoje, pois ficou esgotado e excessivamente usado. Escreva algo novo e original. Poderia ser alguma coisa que se pareça com:

> "Busco um companheiro para tornar a minha vida completa,
> Venha para mim rapidamente, pois quero conhecê-lo bem depressa"

Escreva os versos devagar e de modo intencional. Quando tiver terminado, leia-os em voz alta três vezes. Dobre a folha de papel em quatro e coloque-a no altar bem em frente da vela.

Desenhe um grande coração na segunda folha de papel. Pinte-o de vermelho com a caneta marca-texto. Tome pequenos goles de vinho, até esvaziar o copo. Ao fazê-lo, visualize-se pleno de paixão e com enormes reservas de energia.

Segure o coração sobre a chama da vela por alguns momentos; depois, dobre-o e coloque-o no envelope. Use cera da vela para fechá-lo. Ponha esse envelope na parte da frente do altar.

Pegue a folha dobrada de papel, contendo os versos rimados. Leia-os em voz alta três vezes, colocando em sua voz o máximo de energia e entusiasmo que conseguir. Dobre o papel novamente e queime-o na chama da vela. À medida que ele for queimando, veja seu pedido ser transmitido para o universo, onde será trabalhado.

Agradeça à divindade que invocou no início da cerimônia. Apague a vela e guarde o envelope num lugar onde ele não seja visto ou manuseado por outras pessoas. Deixe-o aí durante 28 dias, ou um ciclo completo da lua. Se o universo não lhe tiver trazido um companheiro até então, queime o envelope e realize o ritual outra vez.

Lembre-se de que você está fazendo um encantamento de atração, neste caso, um encantamento para atrair um parceiro amoroso. O universo fará o melhor que puder para lhe conceder qualquer coisa que você peça, porém você também precisará cooperar. Terá que sair de casa e conhecer pessoas durante as quatro semanas seguintes ao ritual. Aceite todos os convites sociais que se apresentarem, pois nunca saberá com certeza de qual evento ele ou ela irá participar. Preste bastante atenção a todas as pessoas que conhecer durante esse período. Você poderá conhecer seu par romântico acidentalmente, enquanto está indo ou voltando do trabalho, ou durante as compras. Se passar todas as noites e fins de semana em casa, é pouco provável que conheça seu companheiro, não importa quantos encantamentos decida fazer.

Encantamento para Atrair Dinheiro

O que é necessário: Uma vela verde, duas folhas de papel, um envelope, caneta marca-texto verde, um pequeno recipiente de metal, sete moedas de 25 centavos e um copo de vinho tinto (ou água colorida).

Elementos: Os quatro.

Melhor momento para realizar este encantamento: Qualquer quinta-feira ou na noite de Lua Nova.

Primeiro reúna os itens de que necessita; coloque-os a seguir sobre o seu altar. Depois, tome um banho relaxante, de chuveiro ou banheira. Aproveite bem o banho. Use sabonetes e essências de boa qualidade. Gaste o tempo que desejar. Enxugue-se com uma toalha limpa e de boa qualidade; a seguir, vista roupas folgadas. Naturalmente, você também poderá trabalhar despido, se preferir.

Volte ao seu altar e ponha a vela verde no cento do mesmo, deixando a frente livre. Disponha as duas folhas de papel diante da vela e o copo de vinho à direita. Coloque o recipiente metálico à esquerda e enfileire as moedas imediatamente à frente do recipiente.

Fique em pé ou sente-se diante do altar. Acenda a vela e olhe fixamente para a chama durante sessenta segundos, antes de invocar qualquer divindade que deseje. Você poderia escolher Júpiter, uma vez que está pedindo uma condição financeira melhor. Faça uma pausa de um ou dois minutos, até sentir a presença da entidade invocada.

Quando se sentir preparado, escreva na primeira folha de papel a importância exata em dinheiro que deseja. Pense na maior quantia que ousaria pedir, mas a soma não deve ser maior do que você acredita que poderia solicitar e obter. Para testar essa importância feche os olhos e diga para si mesmo: "Mereço x reais." Fique em silêncio até sentir uma resposta em seu corpo. Se esta for estimulante e positiva, você escolheu uma soma adequada para pedir. Se a resposta for negativa e lhe causou uma sensação de medo e ansiedade, reduza a importância e tente outra vez. Se não obtiver nenhuma resposta, eleve a soma tantas vezes quantas forem necessárias até conseguir uma resposta positiva.

Depois de ter escrito a soma desejada em dinheiro, componha duas linhas de versos rimados, que se relacionem com o seu pedido. Você poderá escrever, por exemplo, algo assim:

> "Dinheiro em ouro e prata tem virtude
> Preciso dele agora, em minha juventude"

Recite seus versos três vezes. Depois de fazer isso, segure a folha de papel em frente da vela, de maneira que possa ler os números e os versos que escreveu, e também ver o contorno da chama atrás do papel. Dobre este último em quatro e ponha-o sobre o altar bem diante da vela.

Na segunda folha de papel desenhe uma figura que expresse o vai fazer com o dinheiro quando o receber. Se você planeja comprar um carro novo, desenhe um carro. Se sua intenção for pagar contas, faça um desenho de si mesmo entregando o dinheiro para a pessoa ou pessoas a quem deve. Você poderá desenhar várias coisas, dependendo da soma pedida e do que deseja fazer. Seu talento artístico não é importante, pois, de qualquer modo, ninguém irá ver o que você desenhou.

Pegue o copo de vinho e beba-o lentamente, enquanto olha para o seu desenho. Pense no que vai fazer com o dinheiro quando o tiver recebido.

Coloque o copo de vinho vazio novamente no altar e pegue o recipiente de metal. Erga uma das moedas de 25 centavos e deixe-a cair dentro do recipiente, dizendo em voz alta, "Atraio riqueza e abundância". Repita essa frase até que todas as moedas tenham sido colocadas na vasilha. Recoloque-a no lado esquerdo do altar.

Escreva no rodapé, no canto direito da folha de papel contendo o seu desenho a palavra "Fogo". Ao fazê-lo, diga em voz alta: "Preciso de toda vitalidade, energia e entusiasmo que o elemento Fogo pode me dar."

Escreva "Terra" no canto esquerdo inferior do papel. Enquanto escreve, diga em voz alta: "Preciso da sabedoria, estabilidade e paciência que o elemento Terra pode me dar."

Escreva "Ar" do lado direito da folha de papel, na altura de dois terços da folha. Diga: "Preciso de todos as idéias criativas, da imaginação e do poder mental que o elemento Ar pode me oferecer."

Escreva "Água" à altura de dois terços da folha de papel, do lado esquerdo. Diga: "Preciso de toda a estabilidade emocional, cooperação, harmonia e do amor universal que o elemento Água pode me dar."

Escreva "Espírito" no alto da folha, centralizando a palavra. Diga em voz alta: "Preciso de todo o poder, energia e realização que o Espírito pode me proporcionar."

(Os cinco elementos representam um pentagrama simbólico, ou estrela de cinco pontas. O pentagrama é um símbolo mágico antigo que unifica os elementos e acrescenta poder ao encantamento.)

Olhe para a folha de papel e repita as afirmações sobre cada um dos elementos. Tente perceber a sensação que eles provocam no seu corpo físico. Dobre esta folha de papel e coloque-a no envelope; depois, feche-o com cera da vela.

Pegue a folha de papel dobrada em cima do altar. Abra-a e leia em voz alta a soma de dinheiro que você escreveu. Use tanto entusiasmo e energia quanto puder. Recite os versos rimados três vezes. Dobre novamente o papel e, a seguir, queime-o na chama da vela. À medida que ele for queimando, visualize seu pedido sendo transmitido para o universo e atendido.

Agradeça à divindade que invocou no início do ritual. Apague a vela. Guarde o envelope num lugar seguro, fora do alcance de outras pessoas, mas onde você poderá vê-lo várias vezes por dia. Coloque o recipiente com as moedas em cima do envelope.

Todos os dias, durante sete dias, tire as moedas do recipiente e jogue-as de volta, uma de cada vez, afirmando: "Atraio riqueza e abundância", todas as vezes. Depois de sete dias, dê as moedas para alguém. Isso serve para enfatizar o fato de que sua fortuna está aumentando e você não tem mais necessidade delas.

Em ambos os exemplos, criamos um ritual a partir do encantamento. Gosto de realizá-los dessa maneira porque acredito que a energia emocional criada é útil para o processo como um todo. Contudo, rituais e encantamentos podem ser feitos separadamente. Muitos magos realizam encantamentos, reunindo os ingredientes necessários num único lugar e permitindo que os objetos criem magia.

Pode parecer difícil acreditar que o simples agrupamento de uns poucos itens pode dar origem a um milagre. Para assegurar o sucesso você deve acreditar que isso é possível. Embora, nesse caso, você não esteja executando qualquer tipo de cerimônia, sua crença no resultado permite que as forças do universo atuem sobre o seu desejo, fazendo-o se realizar. Você expressa essa crença para o mundo, enquanto junta os itens necessários e se impregna, além de impregnar os itens e a área em que os objetos se encontram, com a energia necessária para assegurar o sucesso do encantamento.

Você poderia, por exemplo, realizar um encantamento de atração de dinheiro com uma nota, algumas moedas e um recipiente de metal. Embrulhe as moedas na nota e coloque o pacote dentro do recipiente. Ponha o recipiente num lugar onde possa vê-lo várias vezes por dia. Sempre que o notar, diga para você mesmo: "Atraio prosperidade e abundância."

Isso é muito semelhante às afirmações silenciosas, usadas no Oriente. Milhares de anos atrás, elas eram usadas para motivar as pessoas. Seus habitantes perceberam que algumas espécies de peixes, por exemplo, subiam os rios e até mesmo saltavam quedas d'água para chegar até os locais de desova. Conseqüentemente, os peixes passaram a significar progresso para o alto, o que era importante numa sociedade na qual o sucesso era determinado pela capacidade de uma pessoa de passar nos exames oficiais. Mais de trinta anos atrás, quando comecei a visitar o Extremo Oriente, fiquei fascinado com os recipientes de metal contendo algumas moedas que, muitas vezes, eu via sobre as mesas de trabalho das pessoas. Essa era uma afirmação silenciosa para lembrar à pessoa o que ela estava fazendo no trabalho e para atrair mais dinheiro.

Os encantamentos também podem consistir de palavras específicas, relacionadas com qualquer coisa que seja desejada. A frase "O pão nosso de cada dia nos dai hoje" poderia ser considerada como um exemplo disso. A maioria das afirmações é uma forma de encantamento. A repetição de um mantra especial também resulta na criação de um encantamento. Algumas canções de ninar começaram dessa maneira. Como a que é usada para atrair a sorte:

"Joaninha, joaninha, voe que não é hora de andar.
Sua casa está em chamas e seus filhos sem um lar."

Orações quando se vai dormir são, na verdade, encantamentos de proteção. Aqui estão duas das orações mais apreciadas e que têm sido usadas durante gerações:

"Agora me deito para descansar.
Rezo a Deus para a minha alma guardar.
Se eu morrer antes de acordar,
Peço a Deus para a minha alma levar."
"Mateus, Marcos, Lucas e João,
Abençoem a cama em que meu corpo e alma repousarão."

Estou certo de que a expressão: "Alguma coisa velha, alguma coisa nova, alguma coisa emprestada, alguma coisa azul" é bastante familiar a todos. Entretanto, você sabia que o encantamento original continha mais uma linha: "E um galho de tojo." Isso poderia explicar o insucesso de tantos casamentos?

Nem todos os encantamentos funcionam. Quando isso acontecer, você precisará examinar o que disse e fez para descobrir em que errou. Talvez sua necessidade não fosse tão grande quanto você pensava. Talvez o resultado que você desejava não tenha sido expresso com suficiente clareza. É possível que seu encantamento possa ter inadvertidamente afetado outra pessoa. Pode ser que as circunstâncias de sua vida tenham mudado e que o resultado fosse menos importante do que você imaginava. Talvez subconscientemente você não acreditasse que o encantamento iria dar certo. Pense sobre tudo isso e, se ainda desejar o mesmo resultado, crie outro encantamento para você.

Finalmente, o que deve fazer se achar que alguém lançou um encantamento sobre você? Essa pessoa estará praticando a submissão por meio de um encantamento, o que constitui uma forma negativa de magia. Existem dois métodos tradicionais de eliminar os efeitos disso. O primeiro é soprar seus dedos. O segundo método somente pode ser usado se você conhecer quem o encantou. Faça uma "figa" com os dedos. Você consegue isso fechando a mão e inserindo seu polegar entre os dois primeiros dedos, de maneira que ele aflore ligeiramente na parte anterior dos dedos. A figa ou figo é um método comumente usado para evitar mau-olhado. Aponte a figa para a pessoa que, segundo você, o encantou, enquanto diz para si mesmo em voz baixa: "O encantamento não tem mais nenhum poder sobre mim. Estou livre." Outros remédios tradicionais são cruzar os dedos, fazer o sinal da cruz, ou cuspir no chão e, ao mesmo tempo, afirmar para si mesmo que o encantamento não está mais exercendo nenhum efeito sobre você.

Nove

Escrita Automática

HÁ MOMENTOS em que você sabe exatamente o que quer, enquanto, em outras ocasiões, poderá não ter nenhuma idéia a respeito. Muitas vezes, as pessoas me dizem: "Não sei o que está acontecendo. Preciso de um milagre." Obviamente, alguma coisa está ocorrendo na vida delas, mas elas não são capazes de identificar o quê. Pode ser um vago sentimento de insatisfação, ou uma preocupação com o fato de não estarem progredindo como deveriam.

Felizmente, existe uma técnica útil para obtermos, em nossa mente inconsciente, as informações que nos faltam. O termo técnico para descrevê-la é psicografia, porém esta é mais conhecida como escrita automática. Se você já fez rabiscos numa folha de papel ou bloco enquanto falava com alguém por telefone, terá experimentado uma forma de escrita automática.

Quando você rabisca, palavras, figuras e formas aparecem sem esforço, com pouca ou nenhuma contribuição consciente. Algumas pessoas criam representações muito melhores do que aquelas que poderiam fazer conscientemente.

A escrita automática é semelhante a isso. A pessoa se deixa entrar num estado próximo ao transe, e o braço e a mão que escrevem são movidos pelo que parece constituir uma mente própria. Algumas vezes, as palavras resultantes podem surpreender a pessoa que as escreveu inconscientemente, em especial se elas expressarem idéias às quais normalmente ela se opõe.

Qualquer pessoa pode aprender a fazer escrita automática. Tudo o que você precisa é segurar uma caneta na mão que usa para escrever e entrar no estado mental correto. Algumas pessoas são capazes de se distrair completamente enquanto praticam esse tipo de escrita. Podem ver televisão ou participar de uma conversa, enquanto a caneta que seguram escreve por si mesma. Alguns sabem o que estão escrevendo, à medida que a caneta compõe as palavras, mas não têm idéia de qual será a palavra seguinte.

É necessário ter paciência. Quando você começa a fazer experiências com este método, provavelmente produzirá rabiscos ou letras que nada significam. Entretanto, com a prática, ficará surpreso com o que pode obter. Algumas pessoas produzem escrita automática numa letra tão miúda que é preciso usar uma lente de aumento para lê-la. Alguns escrevem palavras que correspondem a imagens refletidas num espelho. Tem havido casos de pessoas que escreveram em idiomas que não conheciam. Um exemplo bem documentado foi o de Hélène Smith, uma médium suíça do século XIX. Ela era capaz de escrever automaticamente em árabe.[1] Algumas pessoas escrevem as palavras lentamente, mas houve casos documentados em que foram produzidas mais de mil palavras por hora. O reverendo Vale Owen podia escrever aproximadamente 24 palavras por minuto, quatro noites por semana, durante meses. Sua velocidade média era de 1.440 palavras por hora.[2]

Uma enorme quantidade de trabalhos, alguns de um padrão extremamente alto, foi criada por meio da escrita automática. Muitas informações canalizadas foram transmitidas desse modo. Madame Blavatsky e Alice Bailey afirmaram que a maior parte de seus trabalhos publicados vieram de fontes externas.[3] Harriet Beecher Stowe, autora de *A Cabana do Pai Tomás*, declarou que não havia escrito o livro, mas que este lhe tinha sido oferecido. William Blake escreveu que seu famoso poema "Jerusalém" lhe foi ditado; ele apenas o anotou. Em seu prefácio, William Blake afirmou: "Posso elogiá-lo, uma vez que não ouso fingir ser outro que não o Secretário; os autores se encontram na eternidade."

Até mesmo partes da Bíblia foram transmitidas por meio da escrita automática. No 2 Livro de Crônicas 21:12, podemos ler: "Então, lhe chegou às mãos uma carta do profeta Elias, em que estava escrito: Assim diz o Senhor, Deus de Davi, teu pai."

Em 1852, o livro do reverendo C. Hammond, *The Pilgrimage of Thomas Payne and Others to the Seventh Circle,* tornou-se o primeiro trabalho, produzido inteiramente por intermédio da escrita automática, a ser publicado nos Estados Unidos. Este livro de 250 páginas levou pouco mais de um mês para ser recebido. Muitos outros trabalhos, na maior parte de natureza espiritual, seguiram-se a ele. *Oahspe*, uma Bíblia cósmica recebida pelo Dr. John Ballou Newbrough em 1882, ainda é facilmente encontrado em livrarias especializadas na Nova Era. Ele é, possivelmente, o primeiro livro a ser recebido por datilografia automática. Ruth Montgomery serve como exemplo mais recente de um autor que escreveu uma série de livros usando a datilografia automática.[4] Alfred, Lord Tennyson, William Butler Yeats e Gertrude Stein são três exemplos de autores bem conhecidos que usaram a escrita automática para expandir sua criatividade. Em sua autobiografia, *Something of Myself*, Rudyard Kipling disse: "a caneta assumiu o controle e eu a observei enquanto começava a escrever histórias sobre Mowgli e animais, que mais tarde se transformaram em *O Livro da Selva*."[5] No prefácio de um livro criado pela escrita automática, o filósofo C. H. Broad afirmou: "Existe, indubitavelmente, alguma indicação independente da existência, num pequeno número de pessoas, de um notável poder de criação e dramatização, que se revela somente quando o seu possuidor se encontra num estado de dissociação."[6]

Sem dúvida, os exemplos mais famosos da escrita automática são os atribuídos a Patience Worth, que se comunicava por meio do tabuleiro Ouija. O tabuleiro Ouija, como o conhecemos hoje, foi inventado por Elijah J. Bond e William Fuld, em 1892. Ele contém as letras do alfabeto dispostas em duas fileiras curvas, uma fileira de números de um a zero e as palavras "sim", "não", e "adeus" gravados nele. A *planchette*, uma pequena placa triangular ou em formato de coração, com rodas ou rolimãs em duas extremidades e um lápis na terceira, foi inventada por M. Planchette, espiritualista francês, em 1853.[7] Atualmente, as *planchettes* apresentam em geral três pequenas almofadas de feltro, em vez de rodas, e um lápis em cada canto. Entretanto, variações da *planchette* e do tabuleiro Ouija têm sido usadas há muito tempo. Em 540 a.C., Pitágoras conduzia sessões durante as quais uma mesa especial sobre rodas deslocava-se na direção de diferentes sinais, de maneira muito semelhante àquela pela qual a *planchette* se move num tabuleiro Ouija. Esta é uma forma de escrita automática.

Em 1913, duas jovens senhoras de St. Louis começaram a fazer experiências com um tabuleiro Ouija. A maioria das mensagens iniciais que receberam não era importante, porém, na noite de 8 de julho a tábua soletrou: "Muitas luas atrás eu vivi. Venho outra vez. Patience Worth é o meu nome."

As duas mulheres, Pearl Curran, de 21 anos, e sua amiga Emily Hutchings ficaram espantadas, especialmente quando a *planchette* entrou outra vez em movimento. Dessa vez, ela soletrou: "Esperem. Gostaria de falar com vocês. Se vocês estão vivas, eu também estou. Faço meu pão junto à lareira. Boas amigas, alegremo-nos. O tempo de trabalhar já passou. Que o gato cochile, piscando como quem conhece para a lenha que arde."

Pearl e Emily imediatamente começaram a fazer perguntas sobre Patience Worth ao tabuleiro Ouija. Descobriram tratar-se de uma quacre inglesa que vivera no século XVII. Patience se revelou tão simpática e divertida que as duas mulheres passaram a registrar todas as mensagens transmitidas.

Quando Patience Worth fazia suas comunicações, mostrava-se altamente prolífica; seis romances, várias peças teatrais e mais de quatro mil poemas foram ditados, letra por letra, por meio do tabuleiro Ouija. Uma antologia da "melhor" poesia de 1917 incluía cinco poemas de Patience Worth, dois a mais que os escritos por Amy Lowell e Vachel Lindsay, importantes poetisas da época.

A qualidade do trabalho de Patience Worth era excelente. O New York Times descreveu um de seus livros como "notável". O *London Evening Standard* afirmou que seu romance, *Hope Trueblood*, era "digno de Dickens no melhor de sua inspiração".

Pearl Curran percebeu que, desde que estivesse em contato com a *planchette*, Patience Worth se manifestava. Ninguém mais podia tocar a *planchette* ao mesmo tempo, mas as mensagens vinham indubitavelmente por intermédio de Pearl. Depois de utilizar o tabuleiro Ouija durante vários anos, Pearl descobriu que era possível simplesmente dizer em voz alta as letras, enquanto uma amiga as escrevia.

Como era de esperar, Patience Worth teve sua quota de ceticismo. Isso absolutamente não a preocupava; com freqüência fazia brincadeiras com os descrentes. Ela até mesmo compôs um poema para as pessoas que insistiam para que ela provasse ser real:

Um fantasma? Muito bem
Prove você ser.
Eu digo, observe, aqui estou —
Couros, vestido, touca e anáguas,
E uma língua afiada.
Bem, o que tem você para provar que existe? [8]

Em 1908, Frederick Bligh Bond (1863-1945) era encarregado das escavações que estavam sendo realizadas na Abadia de Glastonbury. Um ano antes havia conseguido a ajuda de seu amigo, o capitão John Bartlett (1863-1933), um médium bastante conhecido, compositor e oficial da marinha reformado, para um experimento de escrita automática conjunta. Ele colocou sua mão sobre a de Bartlett e perguntou: "Você pode nos contar alguma coisa sobre a Abadia de Glastonbury?" As informações que lhes chegaram foram surpreendentes. John Bartlett usou a escrita automática para contatar o espírito de um monge medieval, Johannes Bryant, o qual pôde dizer a Bond onde exatamente encontrar a Capela Edgar cuja localização este desconhecia, além das ruínas de um santuário que havia sido destruído. A escrita automática era uma mistura de inglês médio e latim.[9] John Bartlett também fez vários desenhos da Abadia de Glastonbury da mesma maneira. Esse fenômeno recebeu o nome de desenho automático. É interessante notar que Bartlett usou sua mão esquerda para desenhar, embora escrevesse com a direita.

W. T. Stead (1849-1912) foi um jornalista bastante conhecido; ele, que também fazia campanhas pelos direitos humanos, usou amplamente a escrita automática. Em certa ocasião, Stead estava se preparando para ir buscar uma amiga numa estação ferroviária. A amiga lhe havia dito que seu trem deveria chegar "por volta das três". Antes de deixar sua casa para ir à estação, Stead pediu mentalmente à amiga que assumisse o controle de sua mão e lhe fornecesse um horário mais preciso para a chegada do trem. A escrita automática informou-lhe que o trem estaria na estação às dez para as três. Stead foi até lá e descobriu que o trem estava atrasado. Ele tirou um lápis e um pedaço de papel de seu bolso e perguntou à amiga: "Por que cargas d'água você está tão atrasada?" Ele recebeu a seguinte resposta: "Ficamos parados muito tempo em Middlesborough; não sei por quê." O trem parou na plataforma logo depois e Stead perguntou à amiga por que ele estava atrasado. "Eu não sei", ela respondeu. "O trem ficou parado muito tempo em Middlesborough; parecia que não ia mais partir."[10]

Experiências com a Escrita Automática

A melhor maneira de você começar a usar a escrita automática é fazer experiências com ela de modo despreocupado e bem-humorado. Se você se sentar a uma mesa, firmemente determinado a receber uma mensagem, provavelmente nada irá acontecer. Contudo, se sua atitude for: não importa se alguma coisa vai ou não se manifestar – é mais provável que seja bem-sucedido.

Sente-se, com o braço que usa para escrever formando um ângulo de noventa graus na altura do cotovelo. A mão que está segurando a caneta ou lápis deverá repousar confortavelmente sobre um bloco de papel. Relaxe o máximo que puder e veja o que acontece. Muitas pessoas gostam de fechar os olhos e se recolher a um estado de silêncio e meditação nesse estágio. Talvez você queira relaxar deliberadamente cada músculo do seu corpo, como fizemos em relação a algumas outras técnicas abordadas neste livro. Quanto mais relaxado estiver, melhor. Conheci várias pessoas que, quando chegam a esta etapa, fazem afirmações positivas em voz baixa a respeito da escrita automática. Você poderia afirmar: "Agora estou relaxado e receptivo para quaisquer mensagens que me sejam transmitidas. Sei que as informações serão úteis para mim na minha vida diária; estou preparado e disposto a recebê-las."

Depois de algum tempo, a mão que segura o instrumento de escrever começará a se mover. Resista à tentação de ver o que está acontecendo. A escrita automática é inconsciente e qualquer interesse consciente irá interromper imediatamente seu fluxo.

Se tiver sorte, desde o início você escreverá palavras e sentenças. A maioria das pessoas começa com círculos, elipses e formas ilegíveis. Você poderá produzir uma ou duas palavras como imagens num espelho. Não importa o que a caneta criar nas primeiras sessões. Desde que tenha escrito alguma coisa você teve um bom começo. Haverá ocasiões, mesmo quando tiver se tornado um especialista, em que nada lhe será transmitido. Isso significa que não há nada disponível para ser transcrito naquele momento. Coloque de lado seus instrumentos de escrita e tente outra vez mais tarde.

Parece uma questão simples pousar a ponta de um lápis sobre uma folha de papel, entrar num estado de relaxamento e meditação e depois se aquietar, deixando o lápis escrever mensagens. Para muitas pessoas é assim simples. Entretanto, para outras, é difícil começar.

Tente pousar a ponta da caneta ou do lápis na folha de papel, certificando-se de que sua mão e pulso não entrem em contato com a mesa. Seu braço logo ficará cansado e a caneta começará a se mover.

Experimente segurar a caneta de modos diferentes. Já vi pessoas praticando a escrita automática enquanto seguravam a caneta com o punho cerrado. Também conheço alguém que segura a caneta entre os dedos indicador e o médio. Você poderá descobrir que essas variações funcionam bem para você.

Poderá tentar escrever com a outra mão. Não fui bem-sucedido com essa experiência, mas muitas pessoas acham que a escrita automática fica mais fácil quando a mão não dominante é usada. Já me disseram que todos podem aprender a escrever automaticamente com qualquer uma das mãos. Contudo, é mais provável que sua escrita seja a de uma imagem espelhada se utilizar sua mão menos dominante; por outro lado, isso não ocorreria se usasse a mão que normalmente emprega para escrever.

Outro método seria iniciar o movimento do lápis por meio do desenho de grandes círculos numa folha de papel. Uma vez que o processo esteja em andamento, não preste mais atenção aos movimentos de sua mão. Com freqüência, quando o lápis começar a se movimentar dessa maneira, irá gradualmente parar de fazer círculos e passar à escrita automática.

Muitas pessoas sentem um formigamento na mão imediatamente antes de a caneta começar a se mover. Algumas recebem um profundo solavanco, seguido de atividade, como se a caneta tivesse assumido vida própria. Eu mesmo nunca cheguei a ver ou a vivenciar isso. O reverendo Stainton Moses (1839-1892), um espiritualista bastante conhecido do século XIX, teve uma experiência desse tipo em 1872, quando sua escrita automática teve um início violento: "Meu braço direito foi agarrado na parte central do antebraço e puxado violentamente para cima e para baixo, com um ruído que se assemelhava ao de vários trabalhadores calçando uma rua. Aquela foi a mais extraordinária exibição de 'ação muscular inconsciente' que jamais presenciei. Eu tentava pará-la em vão. Sentia distintamente algo me agarrando o braço, suave e firmemente e, embora tivesse perfeita posse dos meus sentidos e vontade, não conseguia interferir, mesmo ficando com a mão incapacitada por vários dias devido aos ferimentos que sofreu. O objetivo, logo descobrimos, foi chamar a atenção para a força."[11]

Você irá perceber que os melhores resultados ocorrerão se você se dedicar à escrita automática na mesma hora todos os dias. Acho que o melhor horário para mim é à noite, quando começo a me sentir cansado. Assim torna-se fácil entrar no estado mental correto. Um ambiente parcialmente escurecido também é útil. Outro ponto positivo que resulta de praticá-la todos os dias à mesma hora é o fato de as mensagens normalmente serem a continuação daquelas recebidas no dia anterior.

Pratique com a máxima freqüência que lhe for possível. Pare quando se sentir cansado ou a escrita parecer ter sido interrompida. Nenhum benefício advirá de se forçar a ficar sentado horas a fio sem nada conseguir. Quinze ou vinte minutos todos os dias irão produzir resultados muito mais rápidos do que uma sessão de duas horas uma vez por semana.

A prática regular o surpreenderá pelo volume de sua produção. Você descobrirá que pode escrever durante horas sem ficar fisicamente cansado. Cada pessoa é diferente. Alguns podem se dedicar à escrita automática e assistir à televisão ou conversar com amigos ao mesmo tempo. Conheci uma pessoa que conseguia ler um livro enquanto fazia escrita automática. Alguns preferem sentar-se em silêncio, num estado meditativo, deixando a mão registrar as informações que chegam. Faça várias experiências e descubra o método que mais lhe convém. Você vai perceber que a qualidade das informações transmitidas melhora com a prática.

Não há limites para o que você pode produzir. Irá receber informações sobre o seu passado, presente e futuro. A escrita automática tem o poder de aumentar a sua criatividade latente. Você poderá criar poemas, romances, peças teatrais ou receber respostas a questões que o perturbam. Poderá até mesmo ver respondidas perguntas de outras pessoas, além de receber mais detalhes de sonhos que pode ter tido. Muitas vezes nossos sonhos falam conosco por meio de símbolos difíceis de compreender. Com freqüência, esses símbolos comportam uma variedade de possíveis interpretações, sendo importante descobrir qual é a correta. Nada disso é problema para a nossa mente inconsciente. Você poderá usar a escrita automática para responder a quaisquer perguntas que tenha a respeito de seus sonhos.

Uma vez que se torne proficiente na escrita automática poderá perguntar ao seu inconsciente qualquer coisa que queira. Poderia, por exemplo, perguntar: "Eu mereço um milagre na minha vida?" Obviamente, a resposta a essa pergunta terá influência sobre tudo o que foi abordado neste livro. Se receber uma resposta negativa, você, evidentemente, terá que fazer outras perguntas para descobrir por que sua mente inconsciente não o considera digno. Trabalhe sobre as respostas que receber e pergunte novamente. Continue fazendo isso até receber um sim como resposta.

Você pode fazer perguntas a respeito de tudo o que estiver acontecendo na sua vida. Deve convidar uma certa pessoa para sair? Pegue caneta e papel e descubra. Deveria fazer um determinado investimento? Tirar férias? Aceitar um convite? Mudar de emprego? Qual seria a melhor carreira para mim? Suas perguntas podem ter caráter geral, como: "O que preciso saber sobre o meu futuro?" ou de natureza específica, como: "Onde estão as chaves do meu carro?" Não há limites para o que você pode perguntar.

Seu inconsciente sabe muito mais do que você poderia possivelmente imaginar. Normalmente o acesso a ele é limitado. Contudo, uma vez que a escrita automática não sofre uma triagem ou é censurada pela mente consciente, ela oferece uma ligação direta com todas as informações ali armazenadas. Conseqüentemente, você pode lhe perguntar qualquer coisa que quiser. O desenvolvimento da capacidade de escrever automaticamente lhe permitirá ter acesso a essas informações sempre que desejar. Isso, por si só, é um milagre.

Dez

Conclusão

AGORA VOCÊ JÁ SABE tudo o que precisa saber para criar seus próprios milagres. A partir deste momento, não poderá culpar a má sorte se perceber que não está progredindo na vida como desejaria. Se estiver descontente com qualquer aspecto da sua vida, terá condições de fazer as mudanças necessárias, obedecendo à orientação interior. Você tem capacidade de modificar a direção de sua vida e conseguir virtualmente qualquer coisa que deseje. Evidentemente, terá que estabelecer uma meta, invocar um poder superior, empenhar-se, permanecer motivado e, assim, criar um milagre.

Você deve também estar preparado para aceitá-lo. Parece estranho, mas nem todas as pessoas estão dispostas a aceitar um milagre. Jesus não conseguiu realizar milagres quando voltou a Nazaré, pois seus habitantes não estavam preparados para aceitá-los (Mateus 13:54-58). Devido à descrença deles, Jesus não pôde curá-los. Isso mostra que, para receber milagres na sua própria vida, você deverá estar preparado para aceitá-los.

Os milagres ocorrem de várias maneiras. Para uma pessoa inválida, um milagre seria, muito provavelmente, a cura súbita, que a tornasse novamente saudável. Contudo, um outro exemplo de milagre seria essa pessoa de alguma maneira aprender a considerar sua deficiência física como uma experiência de aprendizado. Uma vez que ela aceitasse a situação e lidasse com a mesma da melhor maneira possível, poderia passar por um enorme crescimento nesta encarnação. O segundo cenário é menos miraculoso do que o primeiro?

O fato de você estar vivo e poder ler este livro constitui um milagre. O conceito de que a vida em si é um milagre serve de conforto para muitos, permitindo-lhes encontrar um sentido na própria vida. Eles podem confiar na ordem do mundo e acreditar que tudo se resolverá exatamente da maneira planejada pelo criador. Para estes, os milagres não necessitam de explicação e revelam a presença de Deus em todas as coisas.

Aldous Huxley descreveu extremamente bem este ponto de vista:

> *Gratidão pelo privilégio de estar vivo e ser uma testemunha deste milagre, por ser, na verdade, mais do que uma testemunha – um co-criador neste processo. Gratidão por estes dons de luminosa bem-aventurança e compreensão sem conhecimento. Gratidão por ser, ao mesmo tempo, esta união com a unicidade divina e uma criatura finita entre outras criaturas finitas.*[1]

Se você observar seu passado, provavelmente se lembrará de incidentes que considerou como coincidências ou golpes de sorte. No entanto, ao examinar esses incidentes com cuidado poderá descobrir que eles foram, de fato, milagres. Muitos milagres não são reconhecidos. Você precisa estar preparado e disposto a receber, permanecendo positivamente numa atitude de expectativa. Isso irá ajudá-lo a desenvolver aquilo que Marc Barasch, editor do *New Age Journal* chama de "uma personalidade propensa ao milagre".[2]

Cada aspecto da sua vida torna-se mais cheio de alegria quando você escolhe viver todos os dias com um sentido do miraculoso. Não há necessidade de se desfazer do que possui e se transformar num monge ou eremita. Quando conduz sua vida de maneira a se sentir realizado e, a perceber que está sendo útil, você permite que o lado espiritual de sua natureza se desenvolva e cresça; obterá, assim, um sentido verdadeiro daquilo que você é. Em qualquer tipo de situação irá expressar sua verdadeira natureza. Você "se deixará fluir com a correnteza", e todos os setores de sua vida se tornarão milagrosos.

Imagine o que seria usufruir cada dia sem tensão ou negatividade, totalmente em paz, no controle das coisas, e conseguindo fazer tudo que precisa ser feito. Você não tem que ser um pastor ou um rabino para levar uma vida espiritualizada. Sua natureza espiritual pode ser expressa em tudo que faz, independentemente de sua ocupação.

Uma das pessoas mais bem-sucedidas que conheci era um varredor de ruas, que trabalhava na área de prostituição da cidade em que moro. Ele tinha orgulho de seu trabalho, e isso ficava patente. Sorria para todos e aconselhava regularmente pessoas que estavam se sentindo deprimidas. Ele acabou por escrever um livro sobre a sua vida como varredor de ruas. O lado espiritual de sua natureza transparecia em todas as suas ações. O tipo de trabalho não faz diferença. Se você o executar de maneira espiritualizada e amorosa, desfrutará as magníficas recompensas que derivam dessa abordagem da vida e se abrirá aos milagres na sua vida diária.

Você pode fazer isso numa escala menor ou maior. Normalmente, é melhor começar com metas modestas e ir acumulando e aproveitando os seus sucessos. No final, você poderá chegar ao nível atingido pelo Dr. Philip S. Haley, um dentista de San Francisco. Ele se sentia fascinado pelos milagres que envolviam a duplicação de alimentos. Tinha estudado religião e refletido sobre a intuição, e isso o convenceu de que os milagres sobre os quais tinha lido foram realizados devido à capacidade psíquica de Jesus e de outros grandes profetas. Esses realizadores de milagres eram altamente sensitivos e dotados de intuição. Como ele mesmo também se considerava sensitivo, iniciou uma série de experiências. A primeira coisa que notou foi que um estoque de laranjas, guardado num armário, tinha aumentado. Depois, percebeu que a pilha de lenha que mantinha ao lado da lareira também ficara maior. Após essas descobertas iniciais, ele começou a pôr em prática experiências mais formais. Numa delas, cortou dez fatias de maçã e sete fatias de pão para sua esposa e um convidado. No momento em que os levou à sala de jantar, o pão tinha aumentado para oito fatias. Ambas as pessoas comeram duas fatias de maçã cada uma e a Sra. Haley comeu duas fatias de pão.

Quando os alimentos foram contados novamente, eles descobriram que ainda restavam nove pedaços de maçã e sete fatias de pão. O Dr. Haley realizou com sucesso mais de vinte experiências desse tipo. Muitas delas foram testemunhadas por outras pessoas. O Dr. Haley registrou seus milagres num livro chamado *Modern Loaves and Fishes and Other Studies in Psychic Phenomena*.[3] Incidentalmente, uma das mensagens contidas no livro do Dr. Haley é a de que nenhuma religião controla a capacidade de realizar milagres. Ele acreditava ser esse um fenômeno humano natural, que qualquer pessoa podia aprender a executar.

Quando começar a ser bem-sucedido nessas áreas, você deverá refletir sobre os incríveis resultados que poderiam ser obtidos se um grupo de pessoas com o mesmo propósito se reunisse. Você e seus companheiros poderiam realizar um milagre que iria beneficiar a humanidade como um todo. Comece devagar, por si mesmo, e vá progredindo gradativamente. Não há limites para o que pode conseguir.

Evidentemente, você deveria pedir milagres para a sua vida, e deveria fazê-lo regularmente. Peça pequenos milagres e peça grandes milagres. Isso o ajudará alcançar a maioria de suas metas. Não é bom realizar todos os seus propósitos, pois, virtualmente, o prazer e o entusiasmo advêm de se caminhar na direção deles. Miguel de Cervantes (1547-1616) expressou com precisão esse conceito ao escrever: "A estrada é sempre melhor que a estalagem."

Permita que os milagres entrem na sua vida, e aproveite o tempo em que estiver na estrada.

Notas

Introdução

1. Agostinho de Hippo, *Epístola 102*. Há muitas versões disponíveis, incluindo: *Patrologiae cursus completus: series latina* (Organizado por J. P. Migne, Paris, 1857-1866), 372.
2. São Tomás de Aquino (traduzido por Vernon J. Bourke), *On the Truth of the Catholic Faith* (Nova York, NY: Doubleday and Company, 1956), 2.
3. Papa Bento XIV, *De Servorum Dei Beatificatione et Beatorum Canonizatione, iv De Miraculis* (Bolonha, Itália, 1738), 1.1.12.
4. Paul Tillich, *Systematic Theology*, Volume 1 (Londres, RU: Nisbet, 1953), 130.
5. David Hume, *An Enquiry Concerning Human Understanding* (publicado pela primeira vez em 1748. A segunda edição, organizada por L. A. Selby-Bigge, foi publicada pela Oxford University Press em 1902), Seção X: *Of Miracles*, página 211, nota de rodapé.
6. Richard Swinburne, *The Concept of Miracle* (Londres, RU: Macmillan and Company, 1970), 1.
7. C. S. Lewis, *Miracles: A Preliminary Study* (Londres, RU: Geoffrey Bles Limited, 1947), 15.
8. R. F. Holland, "The Miraculous", artigo publicado na *American Philosophical Quarterly*, II (1965), 43. Este artigo foi reproduzido em *Miracles*, organizado por Richard Swinburne (Nova York, NY: Macmillan Publishing Company, 1989), 53-69.
9. George Woodcock, *The Crystal Spirit: A Study of George Orwell* (Boston, MA: Little, Brown and Company, 1966), 168.
10. John Evelyn, *Diary of John Evelyn*, Volume 3, organizado por E. S. de Beer (1955), 96.
11. Richard Carew, citado por William Camden em *Remains Concerning Britain* (Londres, RU, 1614), 224.

Capítulo Um

1. Willa Sibert Cather, *Death Comes for the Archbishop*, Livro 1, Capítulo 4. s.d.
2. *Encyclopaedia Britannica, Micropaedia V* (Chicago, IL: Encyclopaedia Britannica, Inc., 15ª ed., 1983), 322.
3. C. S. Lewis, *Miracles: A Preliminary Study*, 131-58.
4. Soren Kierkegaard, *Training in Christianity* (Londres, RU: Oxford University Press, 1941), 99.
5. Kenneth L. Woodward, *The Book of Miracles* (Nova York, NY: Simon and Schuster, Inc., 2000), 34.
6. Herbert Thurston, *The Physical Phenomena of Mysticism* (Chicago, IL: Henry Regnery Company, 1952), 174-75.
7. D. Scott Rogo, *Miracles: A Parascientific Inquiry into Wondrous Phenomena* (Nova York, NY: The Dial Press, 1982), 302-03.
8. Richard Webster, *Is Your Pet Psychic?* (St. Paul, MN: Llewellyn Publications, 2002), 122-23.
9. Eleanor Touhey Smith, *Psychic People* (Nova York, NY: William Morrow and Company, Inc., 1968), 13-20.
10. Carol Neiman, *Miracles: The Extraordinary, the Impossible, and the Divine* (Nova York, NY: Viking Studio Books, 1995), 80.
11. Montague Summers, *The Physical Phenomena of Mysticism* (Londres, RU: Rider and Company Limited, 1950), 123.
12. D. Scott Rogo, *Miracles: A Parascientific Inquiry into Wondrous Phenomena*, 82-3. s.d.
13. Auguste Swerrens, *Blessed Saints* (Edimburgo, Escócia: Turner and Powers Limited, 1922), 147.
14. Karlis Osis e Erlendur Haraldsson, "OOBE's in Indian Swamis: Satya Sai Baba and Dadaji", artigo publicado em *Research in Parapsychology*, 1975, organizado por Joanna Morris, Robert Morris e W. G. Roll (Metuchen, NJ: Scarecrow Press, 1976).
15. Eric Dingwall, *Some Human Oddities* (New Hyde Park, NY: University Books, Inc., 1962), 88.
16. Stuart Gordon, *The Paranormal: An Illustrated Encyclopedia* (Londres, RU: Headline Book Publishing, 1992), 203.
17. Jocelyn Rhys, *The Reliquary: A Collection of Relics* (Londres, RU: Watts and Company, 1930), 2-4.
18. *Ibid.*, 16.
19. Keith Thomas, *Religion and the Decline of Magic* (Nova York, NY: Charles Scribner's Sons, 1971), 26.

20. Harley Williams, *A Doctor Looks at Miracles* (Londres, RU: Anthony Blond Limited, 1959), 47-9.
21. The *British Daily Mail* relatou em 19 de junho de 1921 que "os camponeses não querem se confessar com qualquer outro padre que não seja o jovem frei, ou a receber a Comunhão de outras mãos; como conseqüência, o restante do mosteiro está ocioso, enquanto longas filas assediam o jovem franciscano; os fiéis observam, espantados, as marcas em suas mãos, pés calçados com sandálias e cabeça".
22. Padre Pio, citado em *The Friar of San Giovanni*, por John McCaffery (Londres, RU: Darton, Longman e Todd, 1978), 3.
23. Oscar De Liso, *Padre Pio: The Priest Who Bears the Wounds of Christ* (Nova York, NY: McGraw Hill Book Company, 1960), 114-18.
24. Susy Smith, *Widespread Psychic Wonders* (Nova York, NY: Ace Publishing Corporation, 1970), 174-75.
25. Joseph E. Lifschutz, "Hysterical Stigmatization", artigo publicado no *American Journal of Psychiatry*, 114, 1957, 527-31. Reproduzido em *The Unfathomed Mind: A Handbook of Unusual Mental Phenomena*, compilado por William R. Corliss (Glen Arm, MD: The Sourcebook Project, 1982), 683-88.
26. Joseph V. Klauder, "Stigmatization", artigo publicado na *Archives of Dermatology and Syphology*, 37, 1938, 650-59. Reproduzido em *The Unfathomed Mind: A Handbook of Unusual Mental Phenomena*, compilado por William R. Corliss (Glen Arm, MD: The Sourcebook Project, 1982), 689-90.
27. Stuart Gordon, *The Book of Miracles: From Lazarus to Lourdes* (Londres, RU: Headline Book Publishing, PLC, 1996), 142-43.
28. Stuart Gordon, *The Paranormal: An Illustrated Encyclopedia* (Londres, RU: Headline Book Publishing, PLC, 1992), 229.
29. L. Zolondek, *Book XX of Al-Ghazali's Ihya' 'Ulm Al-din* (Leiden, Holanda: E. J. Brill, 1963). Esta lista também pode ser encontrada no *The Book of Miracles*, de Kenneth L. Woodward (Nova York, NY: Simon and Schuster, Inc., 2000), 185-89.
30. Existem muitas traduções disponíveis do Alcorão. A minha é *The Qur'an*, traduzido por Abdullah Yusuf Ali (Elmhurst, NY: Tahrike Tarsile Qur'an, Inc., 2001). O sutra 17:88 afirma: "Se toda a humanidade, além dos Gênios, se reunisse para produzir algo semelhante a este Qur'an, não conseguiria fazê-lo, mesmo que todos se ajudassem e apoiassem mutuamente." Maiores indicações podem ser encontradas nos sutras 2:23 e 10:38.
31. *The Qur'an*, traduzido por Abdullah Yusuf Ali, Sutra 17:88. Sutra 6:109.

32. *Encyclopaedia Britannica, Macropaedia 12*, 15ª ed. (Chicago, IL: Encyclopaedia Britannica, Inc., 1983), 272.
33. Reginald A. Ray, *Buddhist Saints in India: A Study of Buddhist Values and Orientations* (Nova York, NY: Oxford University Press, 1994), 115.
34. Stephan Beyer, *Magic and Ritual in Tibet: The Cult of Tara* (Nova Delhi, Índia: Motilal Banarsidass Publishers Private Limited, 1988), 236 (Publicado originalmente pela University of California Press, Berkeley, CA, 1974).
35. *Shes-bya Magazine*, outubro de 1968, 19. Reproduzido em *Magic and Ritual in Tibet: The Cult of Tara* por Stephan Beyer, 240.

Capítulo Dois

1. Harley Williams, *A Doctor Looks at Miracles* (Londres, RU: Anthony Blond Limited, 1959), 55.
2. Claire Lesgretain, "Lourdes: What Makes a Miracle?" Artigo publicado em *Miracles*, Volume 1, Nº 1 (1994), 58.
3. Bernadette Soubirous, citada por James Randi, em *The Faith Healers* (Buffalo, NY: Prometheus Books, 1987), 22-3.
4. Terence Hines, *Pseudoscience and the Paranormal* (Buffalo, NY: Prometheus Books, 1988), 249.
5. Dr. Van Hoestenberghe, citado em *The Invisible College* por Jacques Vallee (Chicago, IL: Henry Regnery Company, 1969), 159.
6. Jacques Vallee, *The Invisible College*, 162.
7. Edeltraud Fulda, *And I Shall Be Healed: The Autobiography of a Woman Miraculously Cured at Lourdes* (Nova York, NY: Simon and Schuster, Inc., 1961).
8. William Thomas Walsh, *Our Lady of Fatima* (Nova York, NY: Image Books, 1954), 69.
9. Uma versão em inglês deste relato pode ser encontrada em *Our Lady of Fatima*, de William Thomas Walsh, pp. 147-48.
10. Heather Duncan, citada em *A Walking Miracle* por Patricia Miller. Artigo publicado em *Miracles*, Volume 1, Nº 1 (1994), 48.
11. Dr. Andrija Puharich, citado em *The Romeo Error*, de Lyall Watson (Londres, RU: Coronet Books, 1976), 212.
12. Existem muitos relatos sobre a vida de Arigó e sobre o grande número de milagres de cura que realizou. A descrição mais completa encontra-se em *Arigó – Surgeon of the Rusty Knife*, de John G. Fuller (Nova York, NY: Thomas Y. Crowell Company, 1974).
13. Hudson Tuttle, *Studies in the Out-Lying Fields of Psychic Science* (Nova York, NY: M. L. Holbrook and Company, 1889), 174-75.

14. Brendan O'Regan, "Healing, Remission and Miracle Cures", no *Institute of Noetic Sciences Special Report* (maio de 1987), 3-14.

Capítulo Três

1. P. D. Ouspensky, *Strange Life of Ivan Osokin* (Londres, RU: Faber and Faber Limited, 1948).
2. A. H. Z. Carr, *How to Attract Good Luck* (Hollywood, CA: Wilshire Book Company, 1965), 25-6.
3. Anonymous, "The Rise and Rise of a Rare Internet Success" (Artigo publicado no *Sunday Star-Times*, Auckland, Nova Zelândia, 13 de julho de 2003), D11.

Capítulo Quatro

1. Max Freedom Long, *Introduction to Huna* (Sedona, AZ: Esoteric Publications, 1975), 4. Publicado originalmente em 1945.
2. Max Freedom Long, *The Secret Science Behind Miracles* (Marina del Rey, CA: DeVorss and Company, 1954), 14.

Capítulo Cinco

1. Gina Germinara, *Insights for the Age of Aquarius* (Wheaton, IL: Quest Books, 1973), 203-04.
2. Beverley Nichols, *Powers That Be: The X Force* (Nova York, NY: St. Martin's Press, 1966), 15.
3. Sra. Anna Denton, citada na *Encyclopaedia of Psychic Science* por Nandor Fodor (New Hyde Park, NY: University Books, Inc., 1966), 317. (Originalmente publicada por Arthurs Press, Londres, RU, 1933.) A Sra. Anna Denton Cridge era irmã do Professor William Denton, que usava a psicometria para obter mais informações a respeito de seus espécimes geológicos. Ele descreveu suas descobertas em três livros: *Nature's Secrets* (Boston, MA: William Denton, 1863), *The Soul of Things: Psychometric Researches and Discoveries* (Boston, MA: Walker, Wise and Company, 1863) e *Our Planet, its Past and Future* (Boston, MA: Denton Publishing Company, 1869).
4. Colin Wilson, *The Psychic Detectives* (Londres, RU: Pan Books, 1948), 30-1.
5. John M. Parker, "Suggestions Regarding Principles Acting in the Use of the Bantu Divining Basket", artigo publicado na *Science*, 104, 1946, 513-14.
6. Richard Webster, *Omens, Oghams and Oracles* (St. Paul, MN: Llewellyn Publications, 1995), 38-9.

7. J. B. Rhine, "History of Experimental Studies", artigo publicado em *Handbook of Parapsychology*, organizado por Benjamin B. Wolman (Nova York, NY: Van Nostrand Reinhold Company, 1977), 32.
8. E. Douglas Dean, "Precognition and Retrocognition", artigo publicado em *Psychic Exploration: A Challenge for Science*, de Edgar D. Mitchell (Nova York, NY: G. P. Putnam's Sons, 1974), 160.
9. G. R. Price, "Science and the Supernatural", artigo publicado na *Science*, em 26 de agosto de 1966. Ver também G. R. Price, "Carta ao Editor", *Science*, 28 de janeiro de 1972.
10. Helmut Schmidt, "Quantum Processes Predicted?" Artigo publicado na *New Scientist*, 44, 1969, 114-15. Reproduzido em *The Unfathomed Mind: A Handbook of Unusual Mental Phenomena*, compilado por William R. Corliss, 223-24.
11. Respostas críticas às experiências do Dr. Schmidt podem ser encontradas em: C. E. M. Hansel, *ESP and Parapsychology: A Critical Re-Evaluation* (edição revista). (Buffalo, NY: Prometheus Books, 1980). Paul Kurtz (org.), *A Skeptic's Handbook of Parapsychology* (Buffalo, NY: Prometheus Books, 1985), e John L. Randall e outros, Carta na *New Scientist*, 44, 1969, 259-60.
12. Stewart Robb, *Strange Prophecies That Came True* (Nova York, NY: Ace Books, Inc., 1967), 51.
13. Harry Houdini, *Miracle Mongers and Their Methods* (Nova York, NY: E. P. Dutton and Company, 1920), 84-7.
14. Arthur Osborn, *The Future is Now: The Significance of Precognition* (New Hyde Park, NJ: University Books, Inc., 1961), 87.
15. Winston Churchill, citado em *My Darling Clementine* por Jack Fishman e W. H. Allen (Londres, RU: Pan Books, 1964), 136.
16. William Lilly, *Astrological Predictions* (Nova Delhi, Índia: Sagar Publications, 1962), 341. (Originalmente impresso por Thomas Brudenell para John Partridge e Humphrey Blunden, Londres, RU, 1648).
17. Colin Wilson, *Beyond the Occult* (Londres, RU: Bantam Press, 1988), 165.
18. Jeane Dixon, citada em *The Story of Fulfilled Prophecy* por Justine Glass (Londres, RU: Cassell and Company, Limited, 1969), 185-86.
19. Justine Glass, *The Story of Fulfilled Prophecy*, 186.
20. Susy Smith, *Widespread Psychic Wonders* (Nova York, NY: Ace Publishing Corporation, 1970), 39.
21. J. C. Barker, "Premonitions of the Aberfan Disaster", artigo publicado no *Journal of the Society for Psychical Research*, 44, 1967.
22. Louisa E. Rhine, *Hidden Channels of the Mind* (Nova York, NY: William Sloane Associates, 1961), 199.

NOTAS 163

23. W. E. Cox, "Precognition: An Analysis I and II", artigo publicado no *Journal of the American Society for Psychic Research*, 50, 1956.
24. Brian Inglis, *The Paranormal: An Encyclopedia of Psychic Phenomena* (Londres, RU: Granada Publishing Limited, 1985), 69-70.
25. H. G. B. Erickstad, *The Prophecies of Nostradamus in Historical Sequence from AD 1550-2005* (Nova York, NY: Vantage Press, Inc., 1982), XIV.
26. Existem muitas publicações sobre as profecias de Nostradamus. As quadras relacionadas a John e Robert Kennedy são: I:26, IV:14 e V:28. As quadras que se referem à Grande Peste são: IX:11 e II:53. A quadra II:51 prediz o Grande Incêndio de Londres.
27. Abraham Lincoln, citado em *Recollections of Abraham Lincoln, 1847-1865*, por Ward H. Lamon (Chicago, IL: McClurg and Company, 1937), 232.
28. Dorothy Armitage, *Dreams That Came True* (Londres, RU: Stanley Paul, Limited, 1942), 113-16.
29. J. W. Dunne, *An Experiment With Time* (Londres, RU: A. and C. Black Limited, 1927).
30. Miss Morison e Miss Lamont, *An Adventure*. Primeira edição, 1911. Tenho a quarta edição, publicada por Faber and Faber Limited, Londres, RU, 1934.
31. Richard Webster, *The Complete Book of Palmistry* (St. Paul, MN: Llewellyn Publications, 2001), 43. Publicado originalmente em 1994 com o título de *Revealing Hands*.

Capítulo Seis

1. Aleister Crowley, *Magick Liber ABA* (Publicado originalmente em 1913. Reimpressão, York Beach, ME: Samuel Weiser, Inc., 1994), 126.
2. Florence Farr, citada por Mary K. Greer em *Women of the Golden Dawn: Rebels and Priestesses* (Rochester, VT: Park Street Press, 1995), 64.
3. Bispo Hugh Latimer, citado em *Religion and the Decline of Magic*, por Keith Thomas (Nova York, NY: Charles Scribner's Sons, 1971), 177.
4. Robert Burton, *Anatomy of Melancholy* (Publicado originalmente em 1621. Há muitas edições disponíveis), II, I, 1.
5. Dion Fortune, *Psychic Self-Defense* (York Beach, ME: Samuel Weiser, Inc., 1992), 141-42.
6. Existem vários relatos sobre a procura dos assassinos empreendida por Jacques Aymar. Fontes apropriadas incluem: *Curious Myths of the Middle Ages*, Rev. Sabine Baring-Gould (1869), *The Divining Rod*, de Sir William Barrett e Theodore Besterman (1926) e *Dowsing for Beginners*, de Richard Webster (St. Paul, MN: Llewellyn Publications, 1996).

Capítulo Nove

1. Funcionários do *Reader's Digest, Into the Unknown* (Sidney, Austrália: Reader's Digest Services Pty Ltd., 1982), 188-89.
2. Harvey Day, *Occult Illustrated Dictionary* (Londres, RU: Kaye and Ward Limited, 1975), 16.
3. Stuart Gordon, *The Paranormal: An Illustrated Encyclopedia*, 34.
4. Ruth Montgomery, *The World Before* (Nova York, NY: Coward, McCann and Geoghegan, Inc., 1976), XIII.
5. Rudyard Kipling, *Something of Myself: For My Friends Known and Unknown* (Londres, RU: Macmillan and Company, Limited, 1937), 146.
6. C. H. Broad, prefácio, *Swan on a Black Sea*, de Geraldine Cummins (Londres, RU: Routledge and Kegan Paul, Limited, 1965), 7.
7. Jon Klimo, *Channeling* (Los Angeles, CA: Jeremy P. Tarcher, Inc., 1987), 80.
8. Patience Worth, citada em *Patience Worth: A Psychic Mystery*, de Casper S. Yost (Londres, RU: Skeffington and Son, Limited, 1916), 262.
9. Frederick Bligh Bond, *Glastonbury Scripts I: The Return of Johannes* (Londres, RU: P. B. Beddow, 1921). Os Glastonbury Scripts constituem uma série de nove brochuras organizadas por Frederick Bligh Bond. Neles estão registrados textos, compostos por meio da escrita automática, sobre a Abadia de Glastonbury, e originados de diversas fontes. Bond manteve essas fontes em segredo, até que seu livro, *The Gate of Remembrance* (Oxford, RU: Basil Blackwell, 1918), foi publicado. No livro, ele conta a história de suas numerosas conversas com monges da abadia, falecidos muito tempo antes. Isso causou imensa consternação entre as autoridades da igreja. Um co-diretor foi nomeado e, em 1922, Bond foi despedido e banido da abadia.
10. W. T. Stead, citado em *The Unknown Guest*, de Brian Inglis, em cooperação com Ruth West e a Koestler Foundation (Londres, RU: Chatto and Windus Limited, 1987), 196-97.
11. Stainton Moses, *Spirit-Identity* (Londres, RU: W. H. Harrison Limited, 1879), 38.

Capítulo Dez

1. Aldous Huxley, *Island* (St. Albans, RU: Chatto and Windus Limited, 1962), 224.
2. Marc Barasch, "A Psychology of the Miraculous", artigo publicado na *Psychology Today*, março/abril de 1994, 54-80.
3. Philip S. Haley, *Modern Loaves and Fishes – and Other Studies in Psychic Phenomena* (San Francisco, CA: P. S. Haley, 1935. Edição em brochura revista, 1960).

Sugestões para Leitura

Àli, Muhammad. *The Religion of Islam.* United Arab Republic: National Publication and Printing House, s.d.

Beckworth, Francis J. *David Hume's Arguments Against Miracle: A Critical Analysis.* Lanham, MD: University Press of American, Inc., 1989.

Beyer, Stephan. *Magic and Ritual in Tibet: The Cult of Tara.* Nova Delhi, Índia: Motilal Banarsidass Publishers Private Limited, 1988. Publicado originalmente pela University of California Press, Berkeley, CA, 1974.

Boyd, Beverly. *The Middle English Miracles of the Virgin.* San Marino, CA: The Huntington Library, 1964.

Burns, R. M. *The Great Debate on Miracles: From Joseph Glanvill to David Hume.* Lewisburg: Bucknell University Press, 1981.

Carr, A. H. Z. *How to Attract Good Luck.* Hollywood, CA: Wilshire Book Company, 1965.

Corliss, William R. (compilador). *The Unfathomed Mind: A Handbook of Unusual Mental Phenomena.* Glen Arm, MD: The Sourcebook Project, 1982.

Dumont, Theron Q. *The Solar Plexus or Abdominal Brain.* s.d.

Ebon, Martin. *Prophecy in Our Time.* Nova York, NY: The New American Library, Inc., 1968.

Geisler, Norman L. *Miracles and Modern Thought.* Grand Rapids, MI: Zondervan Publishing House, 1982.

Glass, Justine. *The Story of Fulfilled Prophecy.* Londres, RU: Cassell and Company, Limited, 1969.

Gordon, Stuart. *The Book of Miracles: From Lazarus to Lourdes.* Londres, RU: Headline Book Publishing, 1996.

Grant, Robert M. *Mirales and Natural Law in Graeco-Roman and Early Christian Thought.* Amsterdã, Países Baixos: North-Holland Publishing Company, 1952.

Houston, J. *Reported Miracles.* Cambridge, RU: Cambridge University Press, 1994.

Lawton, John Stewart. *Miracles and Revelation*. Londres, RU: Lutterworth Press, 1959.

Lewis, C. S. *Miracles: A Preliminary Study*. Londres, RU: Geoffrey Bles Limited, 1947.

Long, Max Freedom. *The Secret Science at Work: The Huna Method as a Way of Life*. Marina Del Rey, CA: DeVorss and Company, 1953.

—. *Growing Into Light*. Marina Del Rey, CA: DeVors and Company, Inc., 1955.

—. *The Huna Code in Religions*. Marina Del Rey, CA: DeVorss and Company, Inc., 1965.

McCaffery, John. *The Friar of San Giovanni*. Londres, RU: Darton, Longman and Todd, 1978.

Miller, Carolyn. *Creating Miracles: Understanding the Experience of Divine Intervention*. Tiburon, CA: H.J. Kramer, Inc., 1995.

Mitchell, Edgar. *Psychic Exploration: A Challenge for Science*. Nova York, NY: G.P. Putnam's Sons, 1974.

Neiman, Carol. *Miracles: The Extraordinary, the Impossible, and the Divine*. Nova York, NY: Viking Studio Books, 1995.

Noble, Thomas F.X. e Thomas Head (organizadores). *Soldiers of Christ*. University Park, PA: The Pennsylvania State University Press, 1995.

Ray, Reginald A. *Buddhist Saints in India: A Study in Buddhist Values and Orientations*. Nova York, NY: Oxford University Press, 1994.

Rhys, Jocelyn. *The Reliquary: A Collection of Relics*. Londres, RU: Watts and Company, 1930.

Richo, David. *Unexpected Miracles: The Gift of Synchronicity and How to Open It*. Nova York, NY: The Crossroad Publishing Company, 1998.

Rogo, D. Scott. *Miracles: A Parascientific Inquiry into Wondrous Phenomena*. Nova York, NY: The Dial Press, 1982.

Schick, Theodore e Lewis Vaugh. *How to Think About Weird Things*. Mountain View, CA: Mayfield Publishing Company, 1995. Segunda edição, 1999.

Shooman, A. P. *The Metaphysics of Religious Belief*. Aldershot, RU: Gower Publishing Company Limited, 1990.

Skafte, Dianne. *When Oracles Speak: Opening Yourself to Messages Found in Dreams, Signs, and the Voices of Nature*. Londres, RU: Thorsons, 1997.

Smith, Eleanor Touhey. *Psychic People*. Nova York, NY: William Morrow and Company, 1968.

Swinburne, Richard. *The Concept of Miracle*. Londres, RU: Macmillan and Company Limited, 1970.

Swinburne, Richard (organizador). *Miracles*. Nova York, NY: Macmillan and Company, 1989.

Taylor, John. *Science and the Supernatural*. Nova York, NY: E.P. Dutton, 1980.
Van Dam, Raymond. *Saints and Their Miracles in Late Antique Gaul*. Princeton, NJ: Princeton University Press, 1993.
Ward, Benedicta. *Miracles and the Medieval Mind*. Filadélfia, PA: University of Pennsylvania Press, 1982.
Webster, Richard. *Omens, Oghams and Oracles*. St. Paul, MN: Llwellyn Publications, 1995.
—. *Seven Secrets to Success*. St. Paul, MN: Llewellyn Publications, 1997.
—. *Write Your Own Magic: The Hidden Power in Your Words*. St. Paul, MN: Llewellyn Publications, 2001.
Williams, Harley. *A Doctor Looks at Miracles*. Londres, RU: Anthony Blond Limited, 1959.
Wolman, Benjamin B. (organizador). *Handbook of Parapsychology*. Nova York, NY: Van Nostrand Reinholdt Company, 1977.
Zusne, Leonard e Warren H. Jones. *Anomalistic Psychology: A Study of Extraordinary Phenomena of Behavior and Experience*. Hillsdale, NJ: Lawrence Erlbaum Associates, Inc., 1982.